MEMNON
HISTOIRE
ORIENTALE.

MEMNON

HISTOIRE

ORIENTALE.

A LONDRES,

POUR LA COMPAGNIE.

MDCCXLVII.

MEMNON
HISTOIRE
ORIENTALE.

CHAPITRE PREMIER.

DU tems du Roi Moabdar il y avoit à Babylone un jeune homme nommé Memnon né avec un beau naturel, fortifié par l'éducation ; quoique riche & jeune, il favoit modérer fes paffions ; il n'affectoit rien ; il ne vouloit point toujours avoir raifon & favoit refpecter la

A   foi-

foibleſſe des hommes : on étoit
étonné de voir qu'avec beaucoup
d'eſprit , il n'inſultoit jamais par
des railleries , à ces propos ſi va-
gues ſi rompus ſi tumultueux, à
ces médiſances téméraires, à ces
déciſions ignorantes , à ces turlu-
pinades groſſieres , à ce vain bruit
de paroles qu'on apelloit converſation dans Babylone.

Il avoit apris dans le premier
Livre de Zoroaſtre que l'amour
propre eſt un Ballon gonflé de
vent dont il ſort des tempêtes
quand on lui a fait une piquure.
Memnon ſur-tout ne ſe vantoit pas
de mépriſer les femmes & de les
ſubjuguer : il étoit généreux, il ne
craignoit point d'obliger des in-
grats

grats fuivant ce grand précepte de Zoroaftre ; *quand tu manges, donnes à manger aux chiens , duffent-ils te mordre.*

Il étoit auffi fage qu'on peut l'être ; car il cherchoit à vivre avec des fages, inftruits dans les fciences des anciens Caldéens ; il n'ignoroit pas les principes phyfiques de la Nature tels qu'on les connoiffoit alors, & favoit de la Métaphyfique ce qu'on en a fu dans tous les âges, c'eft-à-dire, fort peu de chofe. Il étoit fermement perfuadé que l'année étoit de trois cent foixante & cinq jours & demi malgré la nouvelle philofophie de fon tems ; & que le Soleil étoit au centre du monde Planétaire ; & quand

A 2

les

les principaux Mages lui diſoient
avec une hauteur inſultante qu'il a-
voit de mauvais Sentimens, & que
c'étoit être ennemi de l'Etat que
de croire que le ſoleil tournoit &
que l'année avoit douze mois, il ſe
taiſoit ſans colere & ſans dédain.

Memnon avec de grandes ri-
cheſſes, & par conſéquent avec
des amis, ayant de la ſanté, une
figure aimable, un eſprit juſte & mo-
déré, un cœur ſincere & noble, crut
qu'il pouvoit être heureux. Il devoit
ſe marier à Sémire que ſa beauté, ſa
naiſſance & ſa fortune rendoient le
premier parti de Babylone. Il a-
voit pour elle un attachement ſoli-
de & vertueux : & Sémire l'aimoit
avec paſſion ; ils touchoient au moment

ment fortuné qui alloit les unir,
lorsque se promenant ensemble à
une porte de Babylone sous les pal-
miers qui ornoient le rivage de
l'Euphrate, ils virent venir à eux
des hommes armés de sabres & de
flèches. C'étoit les Satellites du
jeune Orcan neveu d'un Ministre,
à qui les Courtisans de son Oncle
avoient fait acroire que tout lui é-
toit permis. Il n'avoit aucune des
graces ni des vertus de Memnon,
mais croyant valoir beaucoup
mieux, il étoit desespéré de n'être
pas préféré. Cette jalousie qui ne
venoit que de sa vanité lui fit pen-
ser qu'il aimoit éperdûment Sémire : il vouloit l'enlever ; les Ravis-
seurs la saisirent & dans l'emporte-

A 3　　　　　ment

ment de leur violence ils la bleſſe-
rent, & firent couler le ſang d'une
perſonne dont la vue auroit atten-
dri les tigres. Elle perçoit le Ciel
de ſes plaintes; elle s'écrioit, mon
cher Epoux, on m'arrache à ce
que j'adore: elle n'étoit point oc-
cupée de ſon danger: elle ne pen-
ſoit qu'à ſon cher Memnon: celui-
ci dans le même tems la défendoit
avec toute la force que donnent la
valeur & l'amour. Aidé ſeulement
de deux Eſclaves il mit les ravis-
ſeurs en fuite & ramena chez elle
Sémire évanouie & ſanglante qui en
ouvrant les yeux vit ſon Libérateur.
Elle lui dit, o Memnon, je vous ai-
mois comme mon Epoux, à préſent je vous aime comme celui à qui

je

je dois l'honneur & la vie. Jamais
il n'y eut un cœur plus pénétré.
que celui de Sémire. Jamais Bouche plus raviſſante n'exprima des
ſentimens plus touchans par ces paroles de feu qu'inſpiroient le ſenti-
ment du plus grand des bienfaits &
le tranſport le plus tendre de l'a-
mour le plus légitime. Sa bleſſu-
re étoit légere, elle guérit bientôt.
Memnon étoit bleſſé plus dange-
reuſement: un coup de fléche reçu
près de l'oeil lui avoit fait une
plaie profonde. Sémire ne demandoit aux Dieux que la guériſon de
ſon amant. Ses yeux étoient nuit
& jour baignés de larmes. Elle
attendoit le moment où ceux de
Memnon pourroient jouir de ſes re-

gards

gards; Mais un abcès furvenu à
l'oeil bleffé fit tout craindre. On
envoya jufqu'à Memphis chercher
le grand Médecin Hermes qui vint
avec un nombreux cortege. Il vi-
fita le malade & déclara qu'il per-
droit l'oeil. Il prédit le jour &
l'heure où ce funefte accident devoit arriver; fi c'eût été l'oeil droit,
dit-il, je l'aurois guéri, mais les
plaies de l'oeil gauche font incura-
bles. Tout Babylone en plaignant
la deftinée de Memnon admira la
profondeur de la Science d'Hermes; deux jours après l'abcès per-
ça de lui même, Memnon fut parfaitement guéri. Hermes écrivit
contre lui un livre, où il lui prouva qu'il n'avoit pas dû guérir.
Mem-

Memnon ne le lut point, mais dès qu'il put fortir il fe prépara à rendre vifite à celle qui faifoit l'efpérance du bonheur de fa vie, & pour qui feule il vouloir avoir des yeux. Sémire étoit à la campagne depuis deux ou trois jours, il aprit en chemin que cette belle Dame, ayant déclaré hautement qu'elle avoit une averfion infurmontable pour les borgnes, venoit de fe marier à Orcan la nuit même.

A cette nouvelle il tomba fans connoiffance. Sa douleur le mit au bord du tombeau. Il fut longtems malade, mais enfin la raifon l'emporta fur fon affliction, & l'atrocité de ce qu'il éprouvoit fervit même à le confoler; puifque j'ai

A 5

ef-

essuyé, dit-il, un si cruel caprice
d'une fille élevée à la Cour, il faut
que j'épouse une Citoyenne. Il choi-
sit Azora la plus sage & la mieux
née de la Ville. Il l'épousa & vé-
cut un mois avec elle dans les dou-
ceurs de l'union la plus tendre.
Seulement il remarquoit en elle un
peu de légereté & beaucoup de
penchant à trouver toujours que
les jeunes gens les mieux faits é-
toient ceux qui avoient le plus
d'esprit & de vertu.

CHA-

CHAPITRE II.

UN jour Azora revint d'une promenade toute en colere & faifant de grandes exclamations. Qu'avez vous, lui dit-il, ma chere Azora! qui vous peut mettre ainfi hors de vous même? Hélas! dit-elle, vous feriez indigné comme moi fi vous aviez vu le Spectacle dont je viens d'ètre témoin. J'ai été confoler la jeune veuve Cosrou qui vient d'élever depuis deux jours un tombeau à fon jeune Epoux auprès du ruiffeau qui borde cette prairie. Elle a promis aux Dieux dans fa douleur de demeu-

rer

rer auprès de ce tombeau tant que
l'eau de ce ruisseau couleroit. Eh
bien, dit Memnon, voilà une femme estimable qui aimoit véritable-
ment son mari! Ah, reprit Azora,
Si vour saviez à quoi elle s'occupoit quand je lui ai rendu visite!
A quoi donc, belle Azora? Elle
faisoit détourner le ruisseau: Azora se répandit en des invectives si
longues, éclata en reproches si
violents contre la jeune veuve,
que ce faste de vertu ne plut pas à
Memnon.

Il avoit un ami nommé Cador
qui étoit un de ces jeunes gens à
qui sa femme trouvoit plus de probité & de mérite qu'aux autres; il
le mit dans sa Confidence & s'as-
sura

fura autant qu'il le pouvoit de fa
fidélité par un préfent confidéra-
ble ; Azora ayant paffé deux jours
chez une de fes amies à la Campagne revint le troifieme jour à la
maifon. Des Domeftiques en
pleurs lui annoncerent que fon
mari étoit mort fubitement la nuit
même ; qu'on n'avoit pas ofé lui
porter cette funefte nouvelle, &
qu'on venoit d'enfevelir Memnon
dans le tombeau de fes peres au
bout du jardin. Elle s'arracha les
cheveux, & jura de mourrir ; le
foir Cador lui demanda la permis-
fion de lui parler & ils pleurerent
tous deux: le lendemain ils pleurerent moins, & dinerent enfemble; Cador lui confia que fon ami

lui

lui avoit laiffé la plus grande partie de fon bien, & lui fit entendre qu'il mettroit fon bonheur à
partager fa fortune avec elle. La
Dame pleura, fe fâcha, s'adoucit. Le foupé fut plus long que le
diné : on fe parla avec plus de
confiance : Azora fit l'éloge du
défunt; mais elle avoua qu'il avoit
des défauts dont Cador étoit
exempt. Au milieu du foupè Cador fe plaignit d'un mal de rate
violent; la Dame inquiette & em-
preffée fit apporter toutes les effen-
ces dont elle fe parfumoit, pour
effayer s'il n'y en avoit pas quel-
qu'une qui fût bonne pour le mal
de rate. Elle regretta beaucoup
que le grand Hermes ne fût pas
en-

encore à Babylone ; elle daigna même toucher le côté où Cador fentoit de fi vives douleurs. Etes-vous fujet à cette cruelle maladie, lui dit-elle, avec compaffion ? elle me met quelquefois au bord du tombeau, lui répondit Cador, & il n'y a qu'un feul remede qui puiffe me foulager ; c'eft de m'apliquer fur le côté le nez d'un homme qui foit mort la veille. Voilà un étrange remede , dit Azora : pas plus étrange répondit Cador, que les *fachets de Mr. Arnoult pour l'Apoplexie.* Cette raifon jointe à l'extrême mérite du jeune homme déterminerent enfin la Dame. Après tout , dit-elle , quand mon mari paffera du monde d'hier dans

le

le monde du lendemain fur le Pont Tchivar, l'Ange Afrael lui accordera-t-il moins le paffage par ce que fon nez fera un peu moins long dans la feconde vie que dans la premiere? Elle alla au tombeau de fon époux, l'arrofa de fes larmes & s'aprocha pour couper le nez à Memnon qu'elle trouva étendu dans la tombe. Memnon fe releve en tenant fon nez d'une main & arrêtant le razoir de l'autre; Madame lui dit-il, ne criez plus tant contre la jeune Cofrou, le projet de me couper le nez vaut bien celui de détourner un ruiffeau.

CHA-

꧁꧂꧁꧂꧁꧂꧁꧂꧁꧂꧁꧂꧁꧂

CHAPITRE III.

MEmnon éprouva que le premier mois du mariage, comme dit un Sage, eſt la Lune du Miel, & que le ſecond eſt la Lune de l'Abſinthe. Il fut quelque tems après obligé de répudier Azora qui étoit devenue trop difficile à vivre, & il chercha ſon bonheur dans l'étude de la Nature. Rien n'eſt plus heureux, diſoit-il, qu'un Philoſophe qui lit dans ce grand Livre que Dieu a mis ſous nos yeux. Les Vérités qu'il découvre ſont à lui: il nourrit & il éleve ſon ame; il vit tranquile; il ne craint rien

B   des

des hommes; & fa tendre époufe
ne vient point lui couper le nez.

Plein de ees idées il fe retira
dans une maifon de Campagne fur
les bords de l'Euphrate; là il ne
s'occupoit pas à calculer inutilement combien de pouces d'eau
couloient fous les arches d'un
Pont , ou s'il tomboit une ligne
cube de pluie dans le mois de
la fouris plus que dans le mois du
mouton , il n'imaginoit point de
faire de la foie avec des toilles d'a-
raignées, ni de la porcelaine avec
des bouteilles caffées. Mais il é-
tudia furtout la propriété des animaux & des plantes, & il acquit
bientôt une fagacité qui lui découvroit mille différences où les autres

tres hommes ne voient rien que d'uniforme.

Un jour se promenant auprès d'un petit Bois, il vit courir à lui un Eunuque de la Reine suivi de plusieurs officiers qui paroissoient dans la plus grande inquiétude, & qui courroient çà & là, comme des hommes égarés qui cherchent ce qu'ils ont perdu de plus prétieux. Jeune homme, lui dit le premier Ennuque, n'avez vous point vu le Chien de la Reine? Memnon répondit modestement c'est une Chienne & non pas un Chien. Vous avez raison, reprit le premier Eunuque. C'est une E-pagneule tres petite, ajouta Mem-non, elle a fait depuis peu des

B 2   Chiens,

Chiens, elle boite du pié gauche de devant , & elle a les oreilles tres longues. Vous l'avez donc vue , reprit le premier Eunuque tout effouflé ? Non, répondit Memnon , je ne l'ai jamais vue, & je n'ai jamais fu fi la Reine avoit une Chienne.

Précifément dans le même tems par une bizarrerie ordinaire de la fortune , le plus beau Cheval de l'écurie du Roi s'étoit échapé des mains d'un Palfrenier dans les Plaines de Babylone. Le grand Veneur & tous les Officiers courroient après avec autant d'inquiétude que le premier Eunuque après fa Chienne. Le grand Veneur s'adreffa à Memnon & lui demanda s'il n'avoit

voit point vu pâffer le Cheval du Roi; c'eft répondit Memnon le Cheval du monde qui galope le mieux; il a cinq piés de haut, le fabot fort petit; il porte une queue de trois piés & demi de long; les boffettes de fon mords font d'or à vingt trois carats; fes fers font d'argent à onze deniers. Quel chemin a-t-il pris? où eft-il, demanda le grand Veneur? Je ne l'ai point vu, répondit Memnon, & je n'en ai jamais entendu parler. Le grand Veneur & le premier Eunuque ne douterent pas que Memnon n'eût volé le Cheval du Roi & la Chienne de la Reine, Ils le firent conduire devant l'Af-femblée du grand Defturham, qui

le

le condamna au Knout & à paſſer
le reſte de ſes jours en Sibérie. A
peine ce jugement fut-il rendu
qu'on retrouva le Cheval & la
Chienne. Les Juges furent dans
la douloureuſe néceſſité de réfor-
mer leur arrêt, mais ils condam-
nerent Memnon à payer quatre
cent onces d'or pour avoir dit
qu'il n'avoit point vu ce qu'il a-
voit vu ; il fallut d'abord payer
cette amende ; après quoi il fut
permis à Memnon de plaider ſa
cauſe ; il parla ainſi au Conſeil du
Grand Deſturham. Etoiles de Jus-
tice, abîmes de Sciences, Miroirs
de Vérité, qui avez la peſanteur
du plomb, la dureté du fer, l'é-
clat du diamant & beaucoup d'af-
fini-

finité avec l'or , puifqu'il m'eft
permis de parler devant cette au-
gufte Affemblée, je vous jure par
Orofmade que je n'ai jamais vu la
Chienne refpectable de la Reine,
ni le Cheval facré du Roi des
Rois. Voici ce qui m'eft arrivé ;
je me promenois vers le petit Bois
où j'ai rencontré depuis le vénérable Eunuque & le tres Illuftre
grand Veneur; j'ai vu fur le fable
les traces d'un animal, & j'ai jugé aifément que c'étoit celles d'un
petit Chien: des fillons legers &
longs imprimés fur de petites é-
minences entre les traces des pattes m'ont fait connoître que c'é-
toit une Chienne dont les mamel-
les étoient pendantes, & qu'ainfi

elle

elle avoit fait des petits il y a peu de jours ; d'autres traces en un fens différent qui paroiſſoient avoir toujours raſé la ſurface du ſable à côté des pattes de devant, m'ont apris qu'elle avoit les Oreilles tres longues, & comme j'ai remarqué que le ſable étoit toujours moins creuſé par une patte que par les trois autres, j'ai compris que la Chienne de notre auguſte Reine étoit un peu boiteuſe, ſi je l'oſe dire.

A l'égard du Cheval du Roi des Rois vous ſaurez qu'en me promenant dans les routes de ce bois j'ai apperçu les marques des fers d'un cheval : elles étoient toutes à égales diſtances. Voilà, ai-je dit,

dit, un Cheval qui a un galop parfait. Dans une route tres étroite d'arbres la pouſſiere étoit un peu élevée à droite & à gauche, à un pié & trois quarts du milieu de la route : ce Cheval, ai-je dit, a une queue de trois piés & demi, qui par ſes mouvemens de droite & de gauche a balayé cette pousſiere. J'ai vu ſous les arbres qui formoient un Berceau de cinq piés de haut, les feuilles des branches nouvellement tombées ; & j'ai connu que ce Cheval les avoit fait tomber en courant, & qu'ainſi il avoit cinq piés de haut. Quant à ſon mords il doit être d'or à vingt trois carats, car il en a froté les boſſettes contre une pierre que j'ai

B 5   re-

reconnue être une pierre de touche, & dont j'ai fait l'eſſai. J'ai jugé enfin par les marques que ces fers ont imprimées ſur des cailloux d'une autre eſpéce qu'il étoit ferré d'argent à onze deniers de fin.

Tous les Juges admirerent le profond & ſubtil diſcernement de Memnon. La nouvelle en vint juſqu'au Roi, & à la Reine; on ne parloit que de Memnon dans les Antichambres, dans la Chambre, & dans le Cabinet; & quoique pluſieurs Mages opinaſſent qu'on devoit le brûler comme Sorcier, le Roi ordonna qu'on lui rendît l'amende des quatre cent onces d'or, à laquelle il avoit été con-

condamné. Le Greffier, les Huis-
fiers, les Procureurs vinrent chez
lui en grand apareil lui rendre fes
quatre cent onces, ils en retire-
rent feulement trois cent quatre
vingt dix huit pour les frais de
juftice ; & leurs Valets deman-
derent des Honoraires. Memnon vit combien il étoit dangereux quelquefois d'être trop Sa-
vant, & fe promit bien à la premiere occafion de ne point dire
ce qu'il avoit vu.

Cette occafion fe trouva bientôt.
Un prifonnier d'Etat s'échapa, il
paffa fous les fenêtres de fa maifon. On interrogea Memnon : il
ne répondit rien, mais on lui
prouva qu'il avoit regardé par la
fenê-

fenêtre; il fut condamné pour ce crime à cinq cent onces d'or; & il remercia ses juges de leur Indulgence selon la coutume de Babylone. Grand Dieu , dit-il en lui-même , qu'on est à plaindre quand on se promene dans un bois où la Chienne de la Reine & le Cheval du Roi ont passé! Qu'il est dangereux de se mettre à la fenêtre! & qu'il est difficile d'être heureux dans cette vie!

CHA-

CHAPITRE IV.

MEmnon, voulut fe confoler par la Philofophie & par l'amitié, des maux que lui avoit faits la Fortune. Il avoit dans un fau‑bourg de Babylone une maifon or‑née avec goût, où il raffembloit tous les arts & tous les plaifirs di‑gnes d'un honnête homme. Le matin fa Biblioteque étoit ouverte à tous les Savans. Le foir fa ta‑ble l'étoit à la bonne Compagnie; mais il connut bientôt combien les favans font dangereux, il s'éleva une grande difpute fur une loi de Zoroaftre qui défendoit de manger

du

du Griffon. Comment défendre le Griffon, difoient les uns, fi cet animal n'exifte pas ? Il faut bien qu'il exifte, difoient les autres, puifque Zoroaftre ne veut pas qu'on en mange. Memnon voulut les accorder en leur difant *s'il y a des Grifons n'en mangeons point, s'il n'y en a point, nous en mangerons encore moins, & par là nous obéirons tous à Zoroaftre.*

Un favant qui avoit compofé treize Volumes fur les propriétés du Grifon, lui fit une affaire très férieufe dont il ne fe tira que par le crédit d'un Mage qui étoit frere de fon ami Cador.

De ce jour, il préféra la bonne Compagnie aux favans. Il raffemsembloit chez lui les plus honnêtes gens de Babylone & les Dames les plus aimables, il donnoit des Soupés délicats souvent précédés de Concerts, & animés par des conversations charmantes dont il avoit su bannir l'empressement de montrer de l'esprit qui est la plus sûre maniere de n'en point avoir, & de gâter la société la plus brillante; ni le choix de ses amis, ni celui des mets n'étoit fait par la Vanité ; car en tout il préferoit l'être au paroître; & par là il s'attiroit la considération véritable à laquelle il ne prétendoit pas.

Vis à vis sa maison demeuroit Arimaze personnage rempli d'Orgueil, qui n'ayant pu réussir dans

le

le monde s'en vengeoit par en mé-
.dire. Tout riche qu'il étoit il avoit
de la peine à raſſembler chez lui des
Flateurs ; le bruit des chars qui en-
troient le ſoir chez Memnon l'im-
portunoit ; le bruit de ſes Louanges
l'irritoit davantage. Il alloit quelquefois chez Memnon & ſe mettoit à
table ſans être prié ; il y corrom-
poit toute la joie de la ſociété,
comme on dit que les harpies in-
feĉtent les viandes qu'elles tou-
chent. Il lui arriva un jour de
vouloir donner une fête à une Dame qui au lieu de la recevoir alla
ſouper chez Memnon. Un autre
jour cauſant avec lui dans le Palais ils aborderent un Miniſtre qui
pria Memnon à ſoupé , & ne
                                        pria

pria point Arimaze: les plus implacables haines n'ont pas souvent des fondemens plus importans. Cet homme qu'on appelloit *l'Envieux* dans Babylone, voulut perdre Memnon par ce qu'on l'appelloit *l'Heureux*. L'occasion de faire du mal se trouve cent fois par jour, & celle de faire du bien une fois dans l'année comme dit Zoroastre; L'Envieux alla chez Memnon qui se promenoit dans ses jardins avec deux amis & une Dame, à laquelle il disoit souvent des choses galantes sans autre intention que celle de les dire. La conversation rouloit sur une guerre que le Roi venoit de terminer heureusement contre le Prince

C   d'Hir-

d'Hircanie ſon Vaſſal. Memnon
qui avoit ſignalé ſon courage dans
cette courte guerre , louoit beaucoup , le Roi & encore plus la
Dame. Il prit ſes Tablettes &
écrivit quatre Vers qu'il fit ſur le
champ & qu'il donna à lire à cette belle perſonne. Ses amis le
prierent de leur en faire part. La
modeſtie ou plutôt un amour propre bien entendu l'en empêcha. Il
ſavoit que des Vers impromptu
ne ſont jamais bons que pour celle en l'honneur de qui ils ſont faits.
Il briſa en deux la feuille des Tablettes ſur laquelle il venoit d'écrire & jetta les deux moitiés dans
un buiſſon de Roſes , où on les
chercha inutilement. Une petite
pluie

pluie furvint. On regagna la maifon. L'Envieux qui refta dans le Jardin chercha tant qu'il trouva un morceau de la feuille. Elle avoit été tellement rompue que chaque moitié de Vers qui rempliffoit la ligne, faifoit un fens & même un Vers d'une plus petite mefure ; mais par un hazard encore plus étrange ces petits Vers fe trouvoient former un fens qui contenoit les Injures les plus horribles contre le Roi. On y lifoit.

Par les plus grand forfaits,
Sur le Trône affermi;
Dans la publique paix,
C'eft le feul ennemi.

L'Envieux fut heureux pour la

pre

premiere fois de fa vie, il avoît
entre les mains de quoi perdre un
homme vertueux & aimable. Plein
de cette cruelle joie il fit parvenir
jufqu'au Roi cette Satyre écrite
de la main de Memnon. On le
fit mettre en prifon, lui, fes deux
amis, & la Dame, fon procès lui
fut bientôt fait fans qu'on daignât
l'entendre. Lorfqu'il vint recevoir
fa Sentence, l'envieux fe trouva
fur fon paffage & lui dit tout haut
que fes vers ne valoient rien.
Memnon ne fe piquoit pas d'être
bon pöete ; mais il étoit au defes-
poir d'être condamné comme cri-
minel de Leze-Majefté & de voir
qu'on retînt en prifon une belle
Dame & deux de fes Amis pour
un

un crime qu'il n'avoit pas commis.
on ne lui permit pas de parler, par
ce que ſes Tablettes parloient.
Telle étoit la loi de Babylone. On
le fit donc aller au Suplice à tra-
vers une foule de Curieux dont
aucun n'oſoit le plaindre & qui ſe
précipitoient pour examiner ſon
viſage & pour voir s'il mourroit
avec bonne grace. Les parens
ſeulement étoient affligés ; car ils
n'héritoient pas : les trois quarts
de ſon bien étoient confiſqués au
profit du Roi, & l'autre quatre au
profit de l'Envieux.

Dans le tems qu'il ſe préparoit
à la mort, le perroquet du Roi
s'envola de ſon balcon & s'abatit
dans le jardin de Memnon ſur un

C 3   Buis-

Buisson de roses ; une Pêche y avoit été portée d'un arbre voisin par le vent, & étoit tombée sur un morceau de Tablettes à écrire, auquel elle s'étoit colée ; L'Oiseau emporta la Pêche & la Tablette & les laissa tomber sur les genoux du Monarque. Le Prince Curieux y lut des mots qui ne formoient aucun sens & qui paroissoient des fins de Vers.

Il aimoit la poësie ; l'avanture de son perroquet le fit rêver. La Reine qui se souvenoit de ce qui avoit été écrit sur une piéce de la Tablette de Memnon se la fit apporter. On confronta les deux morceaux qui s'ajustoient ensemble parfaitement : on lut alors les Vers

tels

tels que Memnon les avoit faits.

Par les plus grands forfaits j'ai vu trou-
bler la Terre.
Sur le Trône affermi le Roi fait tout
dompter.
Dans la publique paix l'amour feul fait
la guerre;
C'eft le feul ennemi qui foit à redouter.

Le Roi ordonna auffitôt qu'on fît revenir Memnon devant lui, & qu'on fît fortir de prifon fes deux amis & la belle Dame. Memnon fe jetta le vifage contre terre aux piés du Roi & de la Reine & demanda tres humblement pardon d'avoir fait de mauvais Vers: il parla avec tant de grace d'efprit & de raifon, que le Roi & la Reine voulurent le revoir; Il revint &

C 4   plût

plut encore davantage. On lui donna tous les biens de l'*Envieux* qui l'avoit injuftement accufé ; mais Memnon les rendit tous, & l'Envieux ne fut touché que du plaifir de ne pas perdre fon bien ; l'eftime du Roi s'acrut de jour en jour pour Memnon ; il le mettoit de tous fes plaifirs & le confultoit dans toutes fes affaires.

CHAPITRE. V.

LE tems arriva où l'on célébroit une grande fête qui revenoit tous les cinq ans. C'étoit la coutume à Babylone de déclarer folemnellement au bout de cinq années celui des Citoyens qui avoit
fait

fait l'action la plus généreuse ; les Grands & les Mages étoient les Juges. Le premier Satrape chargé du soin de la Ville exposoit les plus belles actions, qui s'étoient passées sous son Gouvernement ; on alloit aux voix ; le Roi prononçoit le jugement ; on venoit à cette solemnité des extrémités de la terre; le Vainqueur recevoit des mains du Monarque une coupe d'or garnie de pierreries, & le Roi lui disoit ces paroles, *recevez ce prix de la générosité, & puissent les Dieux me donner beaucoup de Sujets qui vous ressemblent !*

Ce jour mémorable venu, le Roi parut sur son Trône, environné des Grands, des Mages &

des

des Députés de toutes les nations
qui venoient à ces jeux où la gloire s'acquéroit, non par la légereté
des chevaux, non par la force du
corps, mais par la vertu. Le premier Satrape raporta à haute voix
les actions qui pouvoient mériter
à leurs auteurs ce prix ineftima-
ble, il ne parla point de la grandeur d'ame avec laquelle Memnon
avoit rendu à l'*Envieux* toute fa
fortune. Ce n'étoit pas une action qui méritât de difputer le
prix.

Il préfenta d'abord un Juge qui
ayant fait perdre un procès confi-
dérable à un citoyen par une mé-
prife dont il n'étoit pas même res-
ponfable, lui avoit donné tout fon

bien

bien qui étoit la valeur de ce que l'autre avoit perdu.

Il produifit enfuite un jeune homme qui étant éperdûment épris d'une fille qu'il alloit époufer, l'avoit cédée à un ami près d'expirer d'amour pour elle & qui avoit encore payé la dote en cédant la fille; enfuite il fit paroître un foldat qui dans la guerre d'Hircanie avoit donné encore un autre exemple de générofité. Des Soldats ennemis lui enlevoient fa maîtreffe, & il la deffendoit contre deux. On vint lui dire que d'autres Hircaniens enlevoient fa Mere à quelque pas de là. Il quitta en pleurant fa maîtreffe , & courut délivrer fa mere, il retourna

na enfuitte vers celle qu'il aimoit,
& la trouva expirante ; il voulut fe
tuer ; fa mere lui remontra qu'elle
n'avoit que lui pour tout fecours
& il eut le courage de fouffrir la
vie. Les Juges penchoient pour
ce foldat ; le Roi prit la parole, &
dit, *fon action & celles des deux au-*
tres font belles, mais elles ne m'éton-
nent point ; j'avois difgracié depuis
quelques jours mon Miniftre & mon
favori Coreb ; je me plaignois de lui
avec violence, & tous mes courtifans
m'affuroient que j'étois trop doux :
c'étoit à qui me diroit le plus de mal
de Coreb ; je demandai à Memnon ce
qu'il en penfoit & il ofa en dire du
bien ; j'avoue que j'ai vu dans nos
hiftoires des exemples qu'on a payé

de

de son bien une Erreur ; qu'on a cé-
dé sa Maîtresse ; qu'on a préféré une
mere à l'objet de son amour; mais
je n'ai jamais lu qu'un Courtisan ait
parlé avantageusement d'un Ministre
disgracié contre qui son Souverain é-
toit en colere. Je donne vingt mille
piéces d'or à chacun de ceux dont on
vient de réciter les actions généreu-
ses, mais je donne la Coupe à Memnon. Sire, lui dit-il, c'est Votre
Majesté seule qui mérite la Coupe.
C'est elle qui a fait l'action la plus
inouïe, puisqu'étant Roi vous ne vous
êtes point fâché contre votre Esclave,
lorsqu'il contredisoit votre passion.

On admira le Roi & Memnon.
Le Juge qui avoit donné son
bien; L'Amant qui avoit marié sa
maî-

maîtreſſe à ſon ami; le Soldat qui avoit préféré le Salut de ſa Mere à celui de ſa maîtreſſe, reçurent les Préſents du Monarque; ils virent leurs noms écrits dans le livre des Généreux. Memnon eut la Coupe, le Roi acquit la réputation d'un bon Prince, qu'il ne garda pas longtems. Ce jour fut conſacré par des fêtes plus longues que la Loy ne les portoit, & la mémoire s'en conſerve encore dans l'Aſie.

CHA-

CHAPITRE VI.

MEmnon tout jeune qu'il étoit fut établi Juge suprême de tous les Tribunaux de l'Empire, il remplit ce poſte comme un homme à qui Dieu avoit donné la Science & la Juſtice. C'eſt de lui que les nations tiennent ce grand principe qu'il vaut mieux hazarder de ſauver un Coupable, que de condamner un Innocent; il croyoit que les Loix étoient faites pour ſecourir les Citoyens autant que pour les intimider; ſon principal talent étoit de démêler la Vérité que tous les hommes cherchent à obſcurcir; dès les premiers jours

de

de fon adminiftration, il mit ce
grand talent en ufage. Un fameux
Négociant de Babylone étoit mort
aux Indes ; il avoit fait fes Héri-
tiers fes deux Fils par portions é-
gales, après avoir marié leur foeur,
& il faifoit un préfent de trente
mille piéces d'or à celui de fes deux
fils qui feroit jugé l'aimer davantage ; l'aîné lui bâtit un Tombeau ;
le fecond augmenta d'une partie
de fon héritage la dot de la foeur.
Chacun difoit, c'eft l'aîné qui aime le mieux fon pere, le cadet
aime mieux fa foeur ; c'eft à l'aîné qu'appartiennent les trente mille piéces.

Memnon les fit venir tous deux
l'un après l'autre, il dit au premier

mier, votre pere n'eft point mort;
il eft guéri de fa derniere maladie;
il revient à Babylone; Dieu foit
loué répondit le jeune homme,
mais voilà un Tombeau qui m'a
couté bien cher; Memnon dit enfuite la même chofe au fecond;
Dieu foit loué, répondit-il, je vais
rendre à mon Pere tout ce que
j'ai, mais je voudrois qu'il laiffât à
ma fœur ce que je lui ai donné.

Vous ne rendrez rien, dit
Memnon, & vous aurez les trente mille piéces, c'eft vous qui ai-
mez le mieux votre Pere.

Quelque tems après on lui amena
un homme juridiquement convaincu d'avoir commis un meurtre fix
ans auparavant. Deux témoins dépo-

D   foient

ſoient l'avoir vu ; ils indiquoient le lieu, le jour, & l'heure, ils ne s'é-toient point coupés dans leurs In-terrogatoires. L'Accuſé avoit été l'ennemi déclaré du mort. Plu-ſieurs perſonnes l'avoient vu paſ-ſer armé dans le chemin où l'As-ſaſſinat avoit été commis ; jamais preuves n'avoient été plus fortes ; & cependant cet homme protes-toit de ſon innocence avec cet air de Vérité qui peut balancer les preuves mêmes aux yeux d'un Ju-ge éclairé ; mais il pouvoit exci-ter la pitié & non éviter la con-damnation ; il ne ſe plaignoit point de ſes Juges ; il accuſoit ſeulement ſa deſtinée, & il étoit réſigné à la mort. Memnon s'at-
ten-

tendrit fur lui & entreprit, de découvrir la vérité; il fe fit amener les deux Dénonciateurs l'un après l'autre. Il dit au premier, je fais mon ami que vous êtes un homme de bien & un Témoin irréprochable: Vous avez rendu un grand fervice à la Patrie en découvrant l'auteur du meurtre qui fut commis il y a fix ans en hiver au tems du Solftice à fept heures du foir aux yeux même du Soleil: Monfeigneur lui répondit l'Accufateur, je ne fais pas ce que c'eft que le Solftice, mais c'étoît le troifieme jour de la femaine & il faifoit encore un tres beau foleil; allez en paix, lui dit Memnon, & foyez toujours homme de bien.

D 2 En-

Enfuite il fit venir l'autre témoin & lui dit ; que la vertu vous accompagne, dans toutes vos voyes ; vous avez rendu gloire à la Vérité ; & vous méritez des récompenfes pour avoir convaincu, un Citoyen d'un meurtre abominable qui fut commis il y a fix ans aux rayons facrés de la pleine Lune, dans le tems qu'elle étoit dans le même figne & dans le même degré que le Soleil. Monfeigneur, répondit l'Accufateur je ne connois ni les fignes ni les degrés ; mais il faifoit alors la plus belle pleine Lune du monde. Alors Memnon fit revenir le premier témoin & leur dit à tous deux, vous êtes des Scélérats, qui avez porté

faux

faux témoignage contre un innocent, l'un affûre que le meurtre a
été fait à fept heures avant que le
Soleil fût fous l'horifon , & ce
jour-là il s'étoit couché avant fix
heures. L'autre affirme que le
coup a été fait à la clarté de la
pleine Lune & ce jour-là il n'y a-
voit point de Lune; vous ferez
tous deux pendus pour avoir été
faux témoins & mauvais Aftrono-
mes.

Memnon rendoit tout les jours
de pareils arrêts qui montroient la
fubtilité de fon génie & la bonté
de fon ame. Il étoit adoré des
peuples & chéri du Roi. Les premieres traverfes de fa vie donnoient encore un nouveau prix à

sa félicité préfente; mais toutes les nuits il avoit un fonge qui lui faifoit quelque peine. Il lui fembloit qu'il étoit couché d'abord fur des herbes parmi lefquelles il y en avoit quelques unes de piquantes qui l'incommodoient; & qu'enfuite, il repofoit mollement fur un lit de rofes dont il fortoit un Serpent qui le blefloit au cœur de fa langue acérée & envenimée; Hélas, difoit-il, j'ai été longtems couché fur ces herbes féches & piquantes; je fuis maintenant fur un lit de rofes; mais quel fera le Serpent?

CHA-

CHAPITRE VII.

LE malheur de Memnon vint de
son bonheur même, & sur-
tout de son mérite. Il avoit tous les
jours des entretiens avec le Roi & a-
vec Astarté son auguste Epouse. Les
charmes de sa conversation redou-
bloient encore par cette envie de
plaire qui est à l'Esprit ce que la
parure est à la Beauté ; sa jeunesse
& ses graces firent insensiblement
sur Astarté une impression dont elle ne s'apperçut pas d'abord. Sa
passion croissoit dans le sein de
l'Innocence. Astarté se livroit sans
scrupule & sans crainte au plaisir de
voir & d'entendre un homme cher

D 4   à

à fon Epoux & à l'Etat. Elle ne
cefloit de le vanter au Roi. Elle en
parloit à fes femmes qui enchéris-
foient encore fur fes louanges : tout
fervoit à enfoncer dans fon cœur
le trait qu'elle ne fentoit pas : elle
faifoit des préfens à Memnon dans
lefquels il entroit plus de galanterie
qu'elle ne penfoit; elle croyoit ne lui
parler qu'en Reine contente de fes
fervices, & quelquefois fes expref-
fions étoient d'une femme fenfible.

Aftarté étoit beaucoup plus belle que cette Sémire qui haïffoit
tous les Borgnes, & que cette autre femme qui avoit voulu couper
le nez à fon Epoux. La familia-
rité d'Aftarté, fes difcours tendres dont elle commençoit à rou-
gir

gir, ſes regards qu'elle vouloit détourner & qui ſe fixoient ſur les
ſiens allumoient dans le cœur de
Memnon un feu dont il s'étonna;
Il en fut effrayé. Il apella à ſon ſecours la Philoſophie qui l'avoit
toujours ſecouru, il n'en tira que
des lumieres & n'en reçut aucun
ſoulagement.

Le Devoir la Reconnoiſſance,
la Majeſté Souveraine violée ſe
préſentoient à ſes yeux comme des
Dieux Vengeurs. Il combattoit,
il triomphoit; mais cette victoire
qu'il falloit remporter à tous mo-
mens lui coutoit des gémiſſemens
& des larmes, il n'oſoit plus parler à la Reine avec cette douce
liberté qui avoit eu tant de char-

mes

mes pour tous deux; fa langue hé-
fitoit; fes yeux fe couvroient d'un
nuage ; fes difcours étoient con-
traints & fans fuite; il baiffoit la
vue, & quand malgré lui fes regards fe tournoient vers Aftarté,
ils rencontroient ceux de la Reine
mouillés de pleurs, dont il partoit
des traits de flamme. Ils fembloient
fe dire l'un à l'autre nous nous
adorons & nous craignons de nous
aimer, nous brulons tous deux
d'un feu que nous condamnons:

Memnon fortoit d'auprès d'elle, égaré, éperdu, le cœur fur-
chargé d'un fardeau qu'il ne pouvoit plus porter. Dans la violence
de ces agitations, il laiffa pénétrer
fon fecret à fon ami Cador, comme

me un homme qui ayant foutenu longtems les atteintes d'une vive douleur fait enfin connoître fon mal par un cri qu'un redoublement aigu lui arrache, & par la fueur froide qui coule fur fon front;

Cador lui dit, j'ai déjà démêlé les fentimens que vous vouliez vous cacher à vous même; les Paffions ont des fignes auxquels on ne peut fe méprendre, jugez, ô mon cher Memnon, puifque j'ai lu dans votre cœur, fi le Roi n'y découvrira pas un fentiment qui l'offenfe. Vous réfiftez à votre paffion avec plus de force que la Reine ne combat la fienne, par ce que vous êtes Philofophe & par ce que vous êtes Memnon. Aftar-té té eſt femme ; elle laiſſe parler ſes regards avec d'autant plus d'imprudence, qu'elle ne ſe croit pas encore coupable. Malheureuſement raſſurée ſur ſon innocence elle néglige des dehors qui la perdront ; ſi vous étiez d'accord l'un & l'autre , vous ſauriez tromper tous les yeux ; une paſſion naiſſante & combattue éclate. Un amour ſatisfait fait ſe cacher. Memnon frémit à la propoſition de trahir le Roi ſon Bienfaiteur, & jamais il ne fut plus fidéle à ſon Prince que quand il fut coupable envers lui d'un crime involontaire.

Cependant la Reine prononçoit ſi ſouvent le nom de Memnon, & ſon front ſè couvroit de tant de

rou-

rougeurs en le prononçant ; elle é-
toit tantôt fi animée., tantôt fi in-
terdite quand elle lui parloit en préfence du Roi. Une Rêverie fi profonde s'emparoit tellement d'elle
quand il étoit forti que le Roi fut
jaloux. Il crut tout ce qu'il voyoit,
& remarquoit tout ce qu'il ne voyoit
point. Il remarqua fur l'habit de
la Reine des Diamants que Memnon avoit pris la liberté de lui
préfenter en préfence du Roi même, & avec fa permiffion. Il ou-
blia que ces Diamants avoient été
l'hommage refpectueux d'un Sujet ;
il n'y vit qu'un gage d'un amour té-
méraire ; les foupçons fe tournerent
en certitude dans fon efprit aigri.

Tous les Esclaves des Rois &
des

des Reines font autant d'Efpions
de leur Cœur. On pénétra bientôt
qu'Aftarté étoit tendre & que
Moabdar étoit jaloux. L'Envieux
qui ne s'étoit point corrigé par ce
que le caillou ne fe ramolit pas &
que les animaux venimeux confer-
vent toujours leur poifon, l'Envieux, dis-je, écrivit à Moabdar
une Lettre anonime, recours in-
fame des efprits pervers qui eft
eft toujours méprifé mais qui cette fois porta coup car cette
Lettre fecondoit les fentimens funeftes qui déchiroient le cœur du
Prince.

Enfin Moabdar ne fongea plus
qu'à la maniere de fe venger; il
téfolut une nuit d'empoifonner la
Rei-

Reine & de faire mourir Memnon par le Cordeau au point du
jour. L'Ordre en fut donné pendant la nuit à un impitoyable Eunuque exécuteur de fes vengean-
ces. Il y avoit alors dans la chambre du Roi, un petit Nain qui é-
toit muet, mais qui n'étoit pas
fourd; on le fouffroit toujours; Il
étoit témoin de ce qui fe paffoit
de plus fecret comme un animal
domeftique. Ce petit muet étoit
très attaché à la Reine, & à
Memnon. Il entendit avec autant
de furprife que d'horreur donner
l'ordre de leur mort. Mais comment faire pour prévenir cet ordre effroyable qui alloit s'exécuter
dans peu d'heures ? Il ne favoit

pas

pas écrire, mais il avoit apris à peindre, & favoit furtout faire reffembler; il paffa une partie de la nuit à crayonner ce qu'il vouloit faire entendre à la Reine. Son deffein repréfentoit le Roi agité de fureur dans un coin du tableau, donnant des ordres à fon Eunuque, un Cordeau, & un Vafe fur une table, la Reine dans le milieu du tableau expirante entre les bras de fes femmes & Memnon étranglé à fes piés. L'Horifon repréfentoit un Soleil levant pour marquer que cette horrible exécution devoit fe faire aux premiers rayons de l'Aurore. Dès qu'il eut fini cet ouvrage, il courut chez une femme d'Aftarté, la réveilla

&

& lui fit entendre qu'il falloit dans l'inftant même porter à la Reine ce Tableau.

Cependant au milieu de la nuit, on vient frapper à la porte de Memnon. On le réveille, on lui donne un Billet de la Reine, il doute fi c'eft un fonge. Il ouvre la Lettre d'une main tremblante. Quelle fut fa furprife! & qui pourroit exprimer la confternation & le défefpoir dont il fut accablé quand il lut ces paroles, *fuyez dans l'inftant même, on va vous arracher la vie, fuyez Memnon, je vous l'ordonne au nom d'un amour funefte que j'ai toujours combattu & que je vous avoue enfin fur le point de l'expier par ma mort; je n'étois point*

E

*coupable, mais je sens que je vais
mourir criminelle.*

Memnon eut à peine la force
de parler, il ordonna qu'on fît venir Cador, & sans lui rien dire, il
lui donna ce Billet. Cador le for-
ça d'obéir, & de prendre sur le
champ la route de Memphis. Si
vous osez aller trouver la Reine,
lui dit-il, vous hâtez sa mort: si
vous parlez au Roi, vous la per-
dez encore; je me charge de sa
destinée; suivez la vôtre, je ré-
pandrai le bruit que vous avez
pris la route des Indes; je vien-
drai bientôt vous trouver, & je
vous aprendrai ce qui se sera passé
à Babylone.

Cador dans le moment même
fit

fit placer deux Dromadaires des plus legers à la courſe vers une porte Secrete du Palais ; il fit monter Memnon qu'il fallut porter & qui étoit prêt de rendre l'ame ; un ſeul Domeſtique l'accompagna, & bientôt Cador plongé dans l'étonnement & dans la douleur perdit Memnon de vue.

Cet illuſtre fugitif, arrivé ſur le bord d'une coline dont on voyoit Babylone tourna la vue ſur le Palais de la Reine, & s'évanouit ; il ne reprit ſes ſens que pour verſer des larmes & pour ſouhaiter la mort ; enfin après s'être occupé de la deſtinée déplorable de la plus aimable des femmes & de la premiere Reine du mon-

E 2   de

de., il fit un moment de retour
fur lui même, & s'écria, qu'eft-ce
donc que la vie humaine ? O Vertu,
à quoi m'avez vous fervi ! deux
femmes m'ont indignement trom-
pé ; la troifieme qui n'eft point
coupable & qui eft plus belle que
les autres , va mourir ; tout ce
que j'ai fait de bien a toujours été
pour moi une fource de malédic-
tions , & je n'ai été élevé au
comble de la grandeur que pour
tomber dans le plus horrible pré-
cipice de l'infortune ; fi j'euffe
été méchant comme tant d'autres
je ferois heureux comme eux. Accablé de ces réflections funeftes,
les yeux chargés du voile de la
douleur, la pâleur de la mort fur
le

le vifage, & l'ame abîmée dans l'excès d'un fombre defefpoir, il continuoit fon voyage vers l'E-gypte.

CHAPITRE VIII.

MEmnon dirigeoit fa route fur les Etoilles ; la conftellation d'Orion & le brillant aftre de Si-rius le guidoient vers le Pole de Canope ; il admiroit ces vaftes Glo-bes de lumiere qui ne paroiffent que des foibles étincelles à nos yeux tandis que la terre qui n'eft en effet qu'un point imperceptible dans la Nature, paroît à notre cu-pidité quelque chofe de fi grand & de fi noble. Il fe figuroit alors

E 3

les

les hommes, tels qu'ils font en effet, des Insectes en petit nombre
confondus avec d'autres Insectes,
& se dévorant les uns les autres
sur un petit atome de boue; cette Image vraie sembloit anéantir
ses malheurs en lui retraçant le
Néant de son Etre & celui de Babylone; son ame s'élançoit jusque
dans l'infini, & contemploit,
détachée de ses sens, l'ordre im-
muable de l'Univers; mais lorsqu'ensuite rendu à lui même, &
rentrant dans son coeur, il pen-
soit qu'Astarté étoit morte pour
lui, l'Univers disparoissoit à ses
yeux, & il ne voyoit dans la Nature entiere qu'Astarté mourante
& Memnon infortuné.

Com-

Comme il se livroit à ce flus & à ce reflus de philosophie sublime & de douleur accablante, il avançoit vers les frontieres de l'Egypte, & déjà son domestique fidéle étoit dans la premiere Bourgade où il lui cherchoit un logement. Memnon cependant se promenoit vers les jardins qui bordoient ce village; il vit non loin du grand chemin une femme éplorée qui appelloit le Ciel & la Terre à son secours, & un homme furieux qui la suivoit. Elle étoit déjà atteinte par lui; elle embrassoit ses genoux; cet homme l'accabloit de coups & de reproches. Memnon jugea à la violence de l'Egyptien & aux par-

E 4   dons

dons réiterés que lui demandoit la
Dame, que l'un étoit un jaloux
& l'autre une infidéle. Mais quand
il eut confidéré cette femme qui
étoit d'une beauté touchante &
qui même reffembloit un peu à la
malheureufe Aftarté, il fe fentit
pénétré de compaffion pour elle
& d'horreur pour l'Egyptien. Se-
courez moi, s'écria-t-elle à Memnon avec des Sanglots, tirez moi
des mains du plus barbare des
hommes, fauvez moi la vie. A ces
cris Memnon courut fe jetter entre elle & ce barbare; il avoit
quelque connoiffance de la langue
Egyptienne; il lui dit en cette langue fi vous avez quelque humani-
té; je vous conjure de refpecter
la

la beauté & la foibleſſe; pouvez-
vous outrager ainſi un chef-d'oeu-
vre de la Nature qui eſt à vos piés
& qui n'a pour ſa défenſe que des
larmes? Ah ah! lui dit cet emporté; tu l'aimes donc auſſi; & c'eſt
de toi qu'il faut que je me venge.
En diſant ces paroles il laiſſe la Dame qu'il tenoit d'une main par les
cheveux & prenant ſa lance il
veut en percer Memnon. Celui-ci
qui étoit de ſang froid évita aiſé-
ment le coup d'un furieux; il ſe
ſaiſit de la lance près du fer dont
elle eſt armée: l'un veut la retirer,
l'autre l'arracher: elle ſe briſe en-
re leurs mains: l'Egyptien tire
ſon Epée: Memnon s'arme de la
ſienne: ils s'attaquent l'un & l'au-

tre

tre. Celui-ci porte cent coups précipités avec fureur, celui-là les pa-
re avec adreffe.   La Dame affife
fur un gazon rajufte fa coiffure &
les regarde.

L'Egyptien étoit plus robufte
que fon adverfaire ; Memnon plus
adroit. Celui-ci fe battoit en homme dont la tête conduifoit le bras ;
Celui-là comme un emporté dont
une colere aveugle laiffoit aller les
mouvemens au hazard.   Memnon
paffe à lui, & le desarme, & tandis que l'Egyptien devenu plus
furieux veut fe jetter fur lui, Memnon le faifit, le preffe, le fait tomber & lui tenant l'épée fur la poitrine il lui offre de lui donner la
vie. L'Egyptien hors de lui tire
                              fon

ſon poignard, il en bleſſe Memnon dans le tems même que le
vainqueur lui pardonnoit. Memnon indigné lui plonge ſon Epée
dans le ſein, l'Egyptien jette un
cri horrible & meurt en ſe debat-
tant.

Memnon alors s'avança vers la
Dame & lui dit, d'une voix ſou-
miſe, il m'a forcé de le tuer, je
vous ai vengée, vous êtes délivrée
de l'homme le plus violent que
j'aie jamais vu. Que voulez vous
maintenant de moi Madame? que
tu meures, Scélérat, lui répondit-
elle, que tu meures; tu as tué mon
Amant; je voudrois pouvoir dé-
chirer ton cœur. En vérité, Madame, vous aviez là un étrange homme

me pour Amant, lui répondit Memnon; il vous battoit de toutes ses forces, & il vouloit m'arracher la vie, par ce que vous m'avez conjuré de vous secourir. Je voudrois qu'il me battît encore, reprit la Dame en poussant des cris; je le méritois bien; je lui avois donné de la jalousie; plût au Ciel qu'il me battît & que tu fusses à sa place! Memnon plus surpris & plus en colere qu'il ne l'avoit été de sa vie, lui dit, Madame, toute belle que vous êtes vous mériteriez que je vous battisse à mon tour, tant vous êtes extravagante, mais je n'en prendrai pas la peine. Là dessus il remonta sur son chameau & avança vers le Bourg.

A

A peine avoit-il fait quelques pas qu'il fe retourne au bruit que faifoient quatre couriers de Babylone, ils venoient à toute bride. L'un d'eux en voyant cette femme s'écria, c'eft elle même, elle reffemble au portrait qu'on nous en a fait; ils ne s'embarrafferent pas du Mort & fe faifirent incontinent de la Dame: elle ne ceffoit de crier à Memnon, fecourez moi encore une fois, Etranger généreux, je vous demande pardon de m'être plainte de vous, fecourez moi, & je fuis à vous jufqu'au tombeau. L'envie avoit paffé à Memnon de fe battre desormais pour elle; à d'autres, répondit-il, vous ne m'y ratraprez plus;

plus; & d'ailleurs il étoit bleſſé; ſon ſang couloit; il avoit beſoin de ſecours, & la vue des quatre Babyloniens probablement envoyés par le Roi Moabdar le rempliſſoit d'inquiétude. Il s'avance en hâte vers le village n'imaginant pas pourquoi quatre couriers de Babylone venoient de prendre cette Egyptienne, mais encore plus étonné du caractere de cette Dame.

CHA-

CHAPITRE IX.

COmme il entroit dans la Bourgade Egyptienne il fe vit entouré par le peuple, chacun crioit,
voilà celui qui enleve la belle Mariée & qui vient d'affaffiner Clétofis. Meffieurs, dit-il, Dieu me
préferve d'enlever jamais votre
belle Mariée, elle eft trop capricieufe, & à l'égard de Clétofis je
ne l'ai point affaffiné, je me fuis
défendu feulement contre lui; Il
vouloit me tuer par ce que je lui
avois humblement demandé grace,
pour la belle Mariée qu'il battoit
impitoyablement; je fuis un étranger qui viens chercher un azile

dans

dans l'Egypte, & il n'y a pas d'apparence qu'en venant demander votre protection, j'aie commencé par enlever une femme & par asfassiner un homme.

Les Egyptiens étoient alors justes & humains, le peuple conduifit Memnon à la maifon de ville; on commença par le faire penfer de fa bleffure, & enfuite on l'interrogea lui & fon Domeftique féparément pour favoir la Vérité; on reconnut que Memnon n'étoit point - un Affaffin; mais il étoit coupable du fang d'un homme. La Loi le condamnoit à être efclave. On vendit au profit de la Bourgade fes deux chameaux; on diftribua aux habitans tout l'or qu'il avoit

voit

voit aporté ; à l'égard de sa per-
sonne elle fut exposée en vente
dans la place publique, ainsi que
celle de son compagnon de voyage. Un Marchand Arabe, nommé
Sétoc y mit l'enchere ; mais le Valet plus propre à la fatigue fut
vendu bien plus cherement que le
Maître. On ne faisoit pas de com-
paraison entre ces deux hommes.
Memnon fut donc Esclave subor-
donné à son valet ; on les attacha
ensemble avec une chaîne, qu'on
leur passa aux piés. En cet état
ils suivirent le marchand Arabe
dans sa maison. Memnon en chemin consoloit son Domestique &
l'exhortoit à la patience, mais selon sa coutume il faisoit des réflec-

F   tions

tions sur la vie humaine; je vois,
disoit-il, que les malheurs de ma
destinée se répandent sur la tienne;
tout m'a tourné jusqu'ici d'une
maniere bien étrange; j'ai été condamné à la mort dans Babylone,
par ce que j'avois fait des vers à
la louange du Roi; j'ai été sur
le point d'être étranglé, par ce que
la Reine m'a parlé avec bonté, &
me voici esclave avec toi, par ce
qu'un Brutal a battu sa Maîtresse;
allons, ne perdons point courage,
tout ceci finira peutêtre; il faut
bien que les Marchands Arabes
aient des esclaves & pourquoi ne
le serai-je pas comme un autre? ce
Marchand ne sera pas impitoyable;
il faut qu'il traite bien ses esclaves,

ves, s'il veut en tirer des fervices.
Il parloit ainfi, & dans le fond de
fon coeur il étoit dévoré de fon a-
mour, & pénétré d'une mortelle
crainte fur la deftinée de la Reine
de Babylone.

Sétoc le marchand partit deux
jours après pour l'Arabie déferte a-
vec fes efclaves & fes chameaux;
fa Tribu habitoit vers le défert
d'Oreb: le chemin fut long & pé-
nible. Sétoc dans la route faifoit
bien plus de cas du valet de
Memnon que du maître, par ce
que le premier chargeoit bien
mieux les chameaux; & toutes les
petites diftinctions furent pour lui.

Un chameau mourut à deux
journées d'Oreb. On répartit une

pe-

petite partie de fa charge fur le dos des Serviteurs. Memnon en eut fa part. Sétoc fe mit à rire en voyant tous ces efclaves marcher courbés; Memnon prit la liberté de lui en expliquer la raifon & lui aprit les loix de l'Equilibre; le marchand étonné commença à le regarder d'un autre oeil. Memnon voyant qu'il avoit excité fa curiofité, la redoubla en lui aprenant beaucoup de chofes qui n'étoient point étrangeres à fon commerce; les pefanteurs fpécifiques des métaux & des denrées fous un volume égal, les propriétés de plufieurs animaux utiles, le moyen de rendre tels ceux qui ne l'étoient pas : enfin il lui parut un fage.

Sé-

Sétoc lui donna la préférence fur fon camarade, qu'il avoit tant estimé; il le traita bien & n'eut pas fujet de s'en repentir.

Arrivé dans fa Tribu, Sétoc commença par redemander cinq cent onces d'argent à un Hébreu auquel il les avoit prétés en préfence de deux témoins; mais ces deux témoins étoient morts & l'Hébreu ne pouvant être convaincu s'approprioit l'argent du marchand en remerciant Dieu de ce qu'il lui avoit donné le moyen de tromper un Arabe. Sétoc confia fa peine à Memnon qui étoit devenu fon confeil; en quel endroit, lui demanda Memnon, prétâtes-vous vos cinq cent onces à cet Infidele?

le? Sur une large pierre, répondit
le marchand , qui eſt auprès du
Mont Oreb.   Quel eſt le caraĉte-
re de votre débiteur , dit Memnon? Celui d'un fripon, reprit Sétoc. Mais je vous demande ſi
c'eſt un homme vif ou flegmati-
que, aviſé ou imprudent? C'eſt de
tous les mauvais payeurs, dit Sétoc,
le plus vif que je connoiſſe.   Eh
bien, inſiſta Memnon , permettez
que je plaide votre cauſe devant le
Juge.   En effet il cita l'Hébreu au
Tribunal , & il parla ainſi au
Juge ; Oreiller du trône d'équité,
je viens redemander à cet homme
au nom de Sétoc mon maître cinq
cent onces d'argent qu'il ne veut
pas rendre. Avez-vous des témoins

moins dit le Juge ? Non ils font
morts mais il reste une large pierre fur laquelle l'argent fut compté;
& s'il plaît à Votre Grandeur
d'ordonner qu'on aille chercher la
pierre, j'eſpere qu'elle portera témoignage ; nous reſterons ici
l'Hébreu & moi, en attendant que
la pierre vienne ; je l'enverrai chercher aux dépens de Sétoc mon
Maître. Tres volontiers, répondit le Juge ; & il ſe mit à expé-
dier d'autres affaires ; à la fin de
l'audience, eh bien dit-il à Memnon, votre pierre n'eſt pas encore venue? l'Hébreu en riant répondit, Votre Grandeur reſteroit
ici juſqu'à demain, que la pierre ne
feroit pas encore arrivée, elle eſt

à plus de six milles d'ici, & il faudroit quinze hommes pour la remuer. Eh bien, s'écria Memnon, je vous avois bien dit que la pierre porteroit témoignage, puisque cet homme sait où elle est, il avoue donc que c'est sur elle que l'argent fut compté. Le Débiteur pâlit, se coupa, fut convaincu. Le Juge ordonna que l'Hébreu seroit lié à la pierre sans boire ni manger jusqu'à ce qu'il eût rendu les cinq cent onces qui furent bientôt payés. L'Esclave Memnon & la Pierre furent en grande recommandation dans l'Arabie.

CHA-

CHAPITRE. X.

SEtoc enchanté fit de fon Efclave
fon ami intime : il ne pouvoit
pas plus fe paffer de lui qu'avoit
fait le Roi de Babylone ; & Memnon fut heureux que Sétoc n'eut
point de femme : il découvroit
dans fon Maître un naturel porté
au bien, beaucoup de droiture &
de bon fens : il fut fâché de voir
qu'il adoroit l'Armée Célefte, c'eft-
à-dire, le Soleil, la Lune, & les
Etoiles, felon l'ancien ufage de
l'Arabie ; il lui en parloit quelquefois avec beaucoup de difcrétion ;
enfin, il lui dit que c'étoient des
Corps comme les autres qui ne mé-

ri-

ritoient pas plus son homage qu'un
Arbre ou un Rocher ; mais, disoit
Sétoc, ce sont des Etres éternels
dont nous tirons tous nos avantages ; ils animent la Nature ; ils re-
glent les Saisons ; ils sont d'ailleurs
si loin de nous qu'on ne peut pas
s'empêcher de les révérer. Vous
recevez plus d'avantages, répon-
doit Memnon, des eaux de la Mer
rouge qui porte vos marchandises
aux Indes ; pourquoi ne seroit-elle
pas aussi ancienne que les Etoiles ?
& si vous adorez ce qui est éloi-
gné de vous, vous devez adorer
la terre des Gangarides qui est aux
extrémités du monde.   Non disoit
Sétoc, les Etoiles sont trop brillantes pour que je ne les adore pas.

Le

Le soir venu Memnon alluma un grand nombre de flambeaux dans la Tente où il devoit souper avec Sétoc; & dès que son Patron parut il se jetta à genoux devant ces cires allumées, & leur dit, éternelles & brillantes clartés, soyez moi toujours propices. Ayant proféré ces paroles, il se mit à table sans regarder Sétoc. Que faites vous donc lui dit Sétoc étonné? Je fais comme vous, répondit Memnon, j'adore ces Chandelles, & je néglige leur Maître & le mien.

Sétoc comprit le sens profond de cet Apologue; la sagesse de son Esclave entra dans son Ame; il ne prodigua plus son encens aux Créa-

Créatures & adora l'Etre éternel qui les a faites.

Il y avoit alors dans l'Arabie une coutume affreufe venue originairement de Scitie &, qui s'étant établie dans les Indes par le crédit des Bracmanes, menaçoit d'envahir tout l'Orient. Lorfqu'un homme marié étoit mort, & que fa femme bien aimée vouloit être Sainte, elle fe brûloit en public fur le Corps de fon Mari; c'étoit une fête folemnelle qui s'appelloit le Bûcher du veuvage : la Tribu dans laquelle il y avoit eu le plus de femmes brûlées étoit la plus confidérée.

Un Arabe de la Tribu de Sétoc étant mort, fa veuve qui étoit

fort

fort dévote , fit favoir le jour &
l'heure où elle fe jetteroit dans le
Bûcher au fon des tambours & des
trompettes. Memnon remontra
à Sétoc combien cette horrible
Coutume étoit contraire au bien
du genre humain ; qu'on laiffoit
brûler tous les jours des jeunes Veuves qui pouvoient donner des enfans
à l'Etat, ou du moins élever les
leurs ; & il le fit convenir qu'il
falloit, fi l'on pouvoit, abolir un
ufage fi barbare. Sétoc répondit
il y a plus de dix mille ans que les
Femmes font en poffeffion de fe
brûler ; qui de nous ofera chan-
ger une loi que le tems a confa-
crée? y a-t-il rien de plus refpectable qu'un ancien abus ? La Raifon

fon eſt plus ancienne, reprit Memnon, parlez aux Chefs des Tribus
& je vais trouver la jeune veuve.

Il ſe fit préſenter à elle & après
s'être inſinué dans ſon eſprit, par
des louanges ſur ſa beauté; après
lui avoir dit combien c'étoit dom-
mage de mettre au feu tant de
charmes, il la loua encore ſur ſa
conſtance & ſur ſon courage.
Vous aimiez donc prodigieuſe-
ment votre mari, lui dit-il? Moi?
Point du tout, répondit la Dame
Arabe. C'étoit un brutal, un jaloux un homme inſuportable, mais
je ſuis fermement réſolue de me
jetter dans le Bûcher. Il faut, dit
Memnon, qu'il y ait aparament
un plaiſir bien délicieux à être brû-
léo

lée vive ? Ah ! cela fait frémir la Nature, dit la Dame, mais il faut en paſſer par là, je ſuis dévote, je ſerois perdue de réputation & tout le mcnde ſe moqueroit de moi ſi je ne me brûlois pas. Memnon l'ayant fait convenir qu'elle ſe brûloit par vanité, lui parla longtems d'une maniere à lui faire aimer un peu la vie & parvint même juſqu'à lui inſpirer quelque inclination pour celui qui lui parloit. Que feriez vous enfin, lui dit-il, ſi la vanité de vous brûler ne vous tenoit pas ? Hélas, reprit la Dame, je crois que je vous prierois de m'épouſer ;

Memnon étoit trop rempli de l'idée d'Aſtarté pour ne pas éluder
der

der cette déclaration, mais il alla dans l'inftant trouver les Chefs des Tribus, leur dit ce qui s'étoit paffé, & leur confeilla de faire une loi par laquelle il ne feroit permis à aucune Dame de fe brûler, qu'après avoir entretenu un jeune homme tête à tête pendant une heure entiere. Depuis ce tems aucune Dame ne fe brûla en Arabie.

On eut au feul Memnon l'obligation d'avoir détruit en un jour une coutume fi cruelle qui duroit depuis tant de fiécles, mais comme la deftinée de Memnon étoit que tout le bien qu'il faifoit lui devînt funefte, les Prêtres des Etoilles fe déchaînerent contre lui. Les Pier-

pierreries & les Ornemens des Dames qu'ils envoyoient au Bûcher leur apartenoient de droit, ils perdoient leurs plus beaux honoraires. C'étoit bien le moins qu'ils fiſſent brûler Memnon pour le mauvais tour qu'il leur avoit joué; ils repréſenterent qu'il avoit des Sentimens erronés ſur les Etoiles; & il alloit être brûlé ſans miſéricorde au lieu de la Dame, ſi Sétoc ſon Maître n'avoit eu la bonté de le faire évader; il le fit partir ſécretement avec cet ancien domestique compagnon de ſon eſclavage, & lui donna de l'argent pour ſe conduire; ils ſe quitterent en pleurant en ſe jurant une amitié éternelle, & en ſe promettant que le

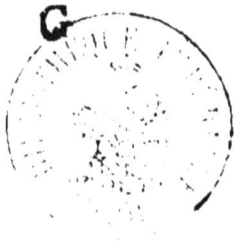

G   pre-

premier des deux qui feroit une grande fortune, en feroit part à l'autre.

Memnon marcha du côté de la Sirie toujours penſant à la malheureuſe Aſtarté ; & toujours réfléchiſſant ſur le ſort qui s'obſtinoit à ſe jouer de lui & à le perſécuter, quoi, diſoit-il, quatre cent onces d'or pour avoir deviné que la Chienne de la Reine étoit une Epagneule boiteuſe, condamné à être décapité pour quatre mauvais vers à la louange du Roi ! prêt d'être étranglé par ce que la Reine m'a regardé ! réduit en eſclavage pour avoir ſecouru une femme qu'on battoit ; & ſur le point d'être brûlé pour avoir ſauvé la vie à toutes les jeunes Veuves Arabes.

CHA-

CHAPITRE XI.

EN arrivant aux frontieres qui féparent l'Arabie pétrée de la Sirie, comme il paſſoit près d'un Chateau aſſez fort, des Arabes armés en fortirent; il ſe vit entouré; on lui crioit, tout ce que vous avez nous apartient, & votre perſonne apartient à notre maître. Memnon pour répouſe tira ſon épée; ſon valet qui avoit du courage en fit autant; il renverſerent les premiers Arabes qui mirent la main ſur eux. Le nombre redoubla. Ils ne s'étonnerent point & réſolurent de périr en combattant. On voyoit deux hommes ſe défen-

dre

dre contre une multitude. Un tel combat ne pouvoit durer longtems. Le maître du Chateau nommé Arbogad ayant vu d'une fenêtre les prodiges de valeur que faisoit Memnon, conçut de l'estime pour lui; il descendit en hâte & vint lui même écarter ses gens & délivrer les deux Voyageurs. Tout ce qui passe sur mes terres est à moi, dit-il à Memnon, aussi bien que ce que je trouve sur les terres des autres; mais vous me paroissez un si brave homme que je vous exempte de la loi commune; il le fit entrer dans son Chateau, ordonna à ses gens de le bien traiter; & le soir Arbogad voulut souper avec Memnon. Ce Seigneur

gneur de Chateau étoit un de ces Arabes qu'on apelle Voleurs ; mais il faifoit quelquefois de bonnes actions parmi une foule de mauvaifes ; il voloit avec une rapacité furieufe & donnoit libéralement : Intrépide dans l'action ; affez doux dans le commerce ; aimant la table ; gai dans la débauche & fur-tout plein de franchife ; Memnon lui plut beaucoup. La converfation, qui s'anima fit durer le repas. Enfin Arbogad lui dit je vous confeille de vous enrôler fous moi, vous ne fauriez mieux faire ; ce métier-ci n'eft pas mauvais, vous pourez un jour devenir ce que je fuis. Puis-je vous demander, dit Memnon, depuis quel tems, vous

exer-

exercez cette noble profeſſion ?
Depuis ma plus tendre jeuneſſe, reprit le Seigneur ; j'étois valet d'un
Arabe aſſez habile ; ma ſituation
m'étoit inſuportable, j'étois au des-
espoir de voir que dans toute la
terre qui apartient également aux
hommes, la Deſtinée ne m'eût pas
réſervé ma portion ; je confiai
mes peines à un vieil Arabe qui
me dit , mon fils, ne defeſpérez
pas; il y avoit autrefois un grain
de ſable qui ſe lamentoit d'être un
Atôme ignoré dans les déſerts ; au
bout de quelques années il devint
Diamant, & il eſt à préſent le
plus bel ornement de la couronne
du grand Roi des Indes ; ce discours me fit impreſſion , j'étois le
grain

grain de fable, je réfolus de devenir Diamant; je commençai par voler deux chevaux; je m'affociai des Camarades; je me mis en état de voler de petites Caravanes; je fis ceffer peu à peu la difproportion qui étoit d'abord entre les hommes & moi; j'eus ma part aux biens de ce monde, & je fus même dédomagé avec ufure; on me confidéra beaucoup; je devins Seigneur brigand; j'acquis ce Chateau par voie de fait; le Satrape de Sirie voulut m'en dépoffeder; mais j'étois déjà trop riche pour avoir rien à craindre, je donnai de l'argent au Satrape, moyennant quoi je confervai le Chateau, & j'ai agrandi mes Domaines; il me nom-

ma

ma même Tréforier des Tribus que
l'Arabie payoit au Roi des Rois;
je fis ma charge de Receveur très
bien & point du tout celle de
Payeur.

Le Grand Defterham de Babylone envoya ici au nom du Roi
Moabdar, un petit Satrape pour
me faire étrangler. Cet homme
arriva avec fon ordre; j'étois inftruit de tout; je fis étrangler en
fa préfence les quatre perfonnes
qu'il avoit amenées avec lui pour
ferrer le lacet, après quoi je lui
demandai ce que pouvoit lui valoir, la Commiffion de m'étrangler;
il me répondit que fes Honoraires
pouvoient aller à trois cent piéces
d'or. Je lui fis voir clair qu'il y

auroit

auroit plus à gagner avec moi; je
le fis Sousbrigand. Il eſt aujour-
dui un de mes meillieurs officiers,
& des plus riches; ſi vous m'en
croyez, vous réuſſirez comme lui,
jamais la Saiſon de voler n'a été
meilleure depuis que Moabdar eſt
tué, & que tout eſt en confuſion dans
Babylone. Moabdar eſt tué! dit
Memnon , & qu'eſt dèvenue la
Reine Aſtarté? Je n'en ſais rien,
reprit Arbogad , tout ce que je
ſais c'eſt que Moabdar ètoit devenu fou, & qu'il a été tué, que
Babylone eſt un grand coupegorge;
que tout l'Empire eſt déſolé; qu'il
y a de beaux coups à faire encore,
& que pour ma part j'en ai fait
d'admirables. Mais la Reine, dit

G 5   Mem-

Memnon? de grace ne favez vous rien de fa deftinée? On m'a parlé d'un Prince d'Hircanie, reprit-il, elle eft probablement parmi fes Concubines fi elle n'a pas été tuée dans le tumulte, mais je fuis plus curieux de butin que de nouvelles; j'ai pris plufieurs femmes dans mes courfes, je n'en garde aucune, je les vends cher quand elles font belles, fans m'informer de ce qu'elles font, on n'achepte point le rang, une Reine qui feroit laide ne trouveroit point marchand. Peutêtre ai-je vendu la Reine, peutêtre eft-elle morte; mais peu m'importe, & je penfe que vous ne devez pas vous en foucier plus que moi. En parlant ainfi il buvoit

avec

avec tant de courage, il confondoit tellement toutes les idées, que Memnon n'en pu tirer aucun éclaiciffement. Il reftoit interdit, accablé, immobile. Arbogad buvoit toujours, faifoit des contes, répétoit fans cefle qu'il étoit le plus heureux de tous les hommes, exhortant Memnon à fe rendre auffi heureux que lui; enfin doucement affoupi par les fumées du vin, il alla dormir d'un fomeil tranquile.

Memnon paffa la nuit dans l'agitation la plus violente. Quoi, difoit-il, le Roi eft devenu fou? Il eft tué, je ne puis m'empêcher de le plaindre, l'Empire eft déchire, & ce Brigand eft heureux: ô

For-

Fortune, ó Deſtinée ! Un Voleur
eſt heureux, & ce que la Nature
a fait de plus aimable a péri peutêtre d'une maniere affreuſe ! On
vit dans un état pire que la mort !
Dès le point du jour il interrogea
tous ceux qu'il rencontroit dans le
Chateau, mais tout le monde é-
toit occupé, perſonne ne lui ré-
pondoit. On avoit fait la nuit de
nouvelles Conquêtes ; on partageoit
les dépouilles. Tout ce qu'il put
obtenir dans cette confuſion tumul-
tueuſe , ce fut la permiſſion de
partir , il en profita ſans tarder,
plus abîmé que jamais dans ſes ré-
flexions douloureuſes.

CHA-

CHAPITRE XII.

MEmnon marchoit inquiet, a-
gité, l'efprit tout occupé de
la malheureufe Aftarté, du Roi de
Babylone, de fon fidele Cador, de
l'heureux Brigand Arbogad, de
cette femme fi capricieufe que des
Babyloniens avoient enlevée fur
les confins de l'Egypte; enfin de
tous les contretems & de toutes
les Infortunes qu'il avoit éprou-
vées. En entrant dans une belle
Prairie il vit plufieurs femmes qui
cherchoient quelque chofe avec
beaucoup d'aplication; il prit la liberté de s'aprocher de l'une d'elles
& de lui demander s'il pouvoit a-
voir

voir l'honneur de les aider dans
leurs recherches. Gardez vous en
bien, répondit la Syrienne: ce que
nous cherchons ne peut être touché que par des femmes. Voilà
qui eft bien étrange, dit Memnon,
oferai-je vous prier de me dire ce
que c'eft qu'il n'eft permis qu'aux
femmes de toucher? C'eft un Bazilic, dit-elle. Un Bazilic, Madame! & pour quelle raifon s'il
vous plaît cherchez vous un Bazilic? C'eft pour notre Seigneur &
maître Ogul donc vous voyez le
Chateau fur le bord de cette Rivie-
re, au bout de la prairie: nous
fommes fes très humbles efclaves:
le Seigneur Ogul eft malade: fon
Médecin lui a ordonné de manger

ger un Bazilic cuit dans de l'eau
Roʃe: & comme c'eʃt un animal
fort rare qui ne ʃe laiʃʃe jamais
prendre que par des femmes, le
Seigneur Ogul a promis de choiʃir
pour ʃa femme bien aimée celle
de nous qui lui aporteroit un Bazilic; laiʃʃez moi chercher s'il vous
plaît, car vous voyez ce qu'il
m'en couteroit ʃi j'étois prévenue
par mes Compagnes.

Memnon laiʃʃa cette Sirienne &
les autres chercher leur Bazilic,
& continua de marcher dans la
prairie. Quand il fut au bord d'un
petit ruiʃʃeau il y trouva une autre Dame couchée ʃur le gazon,
& qui ne cherchoit rien; ʃa taille
étoit majeʃtueuʃe; mais ʃon viʃage
étoit

étoit couvert d'un voile; elle étoit penchée vers le ruiſſeau; de profonds ſoupirs ſortoient de tems en tems de ſa bouche; elle tenoit en main une petite baguette avec laquelle elle traçoit des caraçteres ſur un ſable fin, qui ſe trouvoit entre le gazon & le ruiſſeau. Memnon eut la curioſité de voir ce que cette femme écrivoit; il vit le nom de Memnon ſur le ſable. Jamais ſurpriſe ne fut égale à la ſienne; il demeura quelque tems immobile; enfin rompant le ſilence d'une voix entrecoupée; ô généreuſe Dame pardonnez à un étranger d'oſer vous demander par quelle avanture étonnante je trouve ici le nom de Memnon tracé de votre main di-

divine ? A cette voix, à ces paroles, la Dame releva son voile d'une main tremblante, regarda Memnon, jetta un cri d'attendrissement de surprise & de joie, & succombant sous tous les mouvemens divers qui assailloient à la fois son Ame, elle tomba évanouïe entre ses bras. C'étoit Astarté elle même ; c'étoit la Reine de Babylone ; c'étoit celle que Memnon adoroit, & qu'il se reprochoit d'adorer ; c'étoit celle dont il avoit tant pleuré & tant craint la destinée. Il fut un moment privé de l'usage de ses sens ; quand il les eut repris, quand il eut attaché ses regards sur les yeux d'Astarté, qui se rouvroient avec une langueur mê-

H   lée

lée de confusion & de tendresse,
ô Puissances Immortelles, s'écria-
t-il, qui présidez aux destins des
foibles humains me rendez-vous
Astarté ? En quel tems, en quels
lieux, en quel état la revois-je! Il
se jetta à genoux devant Astarté,
& il attacha son front à la pous-
fiere de ses piés. La Reine de Babylone le releve & le fait asseoir
auprès d'elle sur le bord de ce
ruisseau.   Elle essuyoit à plusieurs
reprises ses yeux dont les larmes
recommençoient toujours à couler,
reprenoit vingt fois des discours
que ses gémissemens interrom-
poient ; elle l'interrogeoit sur le
hazard qui les rassembloit & pré-
venoit soudain ses réponses par
d'au-

d'autres queſtions; elle entamoit le
récit de ſes malheurs, & vouloit
ſavoir ceux de Memnon.

Enfin tous deux ayant un peu
apaiſé le tumulte de leurs Ames,
Memnon lui conta en peu de
mots par quelle avanture il ſe
trouvoit dans cette prairie : mais ô
malheureuſe & reſpectable Reine
comment vous retrouvé-je en ce
lieu écarté vêtue en eſclave, &
accompagnée d'autres femmes eſclaves qui cherchent un Bazilic
pour le faire cuire dans de l'eau
Roſe par ordre du Médecin. Pendant qu'elles cherchent leur Bazilic, dit la belle Aſtarté, je vais
vous aprendre tout ce que j'ai
ſouffert & tout ce que je pardon-

ne

ne au Ciel depuis que je vous re-
vois. Vous favez que le Roi mon
mari trouva mauvais que vous fuf-
fiez le plus aimable de tous les
hommes ; & ce fut pour cette
raifon qu'il prit une nuit la réfolu-
tion de vous faire étrangler, &
de m'empoifonner. Vous favez
comme le Ciel permit que mon
petit Muet m'avertît de l'ordre du
Roi ; à peine le fidele Cador vous
eut-il forcé de m'obéïr & de partir, qu'il ofa entrer chez moi au
milieu de la nuit par un iffue Secrete, il m'enleva & me conduifit dans le Temple d'Orofmade où
le Mage fon frere m'enferma dans
cette ftatue Coloffale dont la ba-
ze touche aux fondemens du Temple,

ple, & dont la tête atteint la vou-
te. Je fus là comme enfevelie,
mais fervie par le Mage, & ne
manquant d'aucune chofe néceffai-
re: Cependant au point du jour
l'Apoticaire de fa Majefté entra
dans ma chambre avec une po-
tion mêlée de Jufquiame, d'Opium
de Cigüe, d'Hellebore noire &
d'Aconit & un autre Officier alla
chez vous avec un laget de foie.
On ne trouva perfonne ; Cador
pour mieux tromper le Roi feignit
de venir nous accufer tous deux,
il dit que vous aviez pris la route
des Indes & moi celle de Memphis. On envoya des Satellites
après vous & après moi.

Les Couriers qui me cher-

choient

choient ne me connoiſſoient pas.
Je n'avois preſque jamais montré
mon viſage qu'à vous ſeul en pré-
ſence & par ordre de mon E-
poux. Ils coururent à ma pourſui-
te ſur le portrait qu'on leur avoit
fait de ma perſonne. Une femme de la même taille que moi &
qui peutêtre a de plus beaux traits
s'offrit à leurs regards ſur les frontieres de l'Egypte. Elle étoit é-
plorée, errante ; ils ne douterent
pas que cette femme ne fût la
Reine de Babylone. Ils la mene-
rent à Moabdar. Leur mépriſe fit
entrer d'abord le Roi dans une
violente colere : mais bientôt
ayant conſidéré de plus près cette
femme, il la trouva très belle &
fut

fut consolé. On l'apelloit Marie.
On m'a dit depuis que ce nom si-
gnifie en langue Egyptienne la
belle Capricieuse; elle l'étoit en
effet, mais elle avoit autant d'art
que de caprice; elle plut à Moabdar, elle le subjugua, au point de
se faire déclarer sa femme. Alors
son caractere se dévelopa, tout
entier; elle se livra sans crainte à
toutes les folies de son imagina-
tion; elle voulut obliger le Chef
des Mages qui étoit vieux & gou-
teux de danser devant elle, & sur
les refus du Mage elle le persécu-
ta violemment; elle ordonna à
son grand Ecuyer de lui faire une
Tourte de Confitures. Le grand E-
cuyer eut beau lui représenter qu'il

H 4   n'é-

n'étoit point patiffier , il fallut
qu'il fît la tourte , & on le chaffa
par ce qu'elle étoit trop brûlée,
Elle donna la charge de grand E-
cuyer à fon Nain, & la place de
Chancelier à un Page. C'eft ainfi qu'elle gouverna Babylone; tout
le monde me regrettoit. Le Roi
qui avoit été affez jufte jufqu'au
moment où il avoit voulu m'empoifonner & vous faire étrangler,
fembloit avoir noyé fes vertus
dans l'amour prodigieux qu'il avoit
pour la belle Capricieufe; il vint
au Temple le grand jour du feu
facré; je le vis implorer les Dieux
pour la belle Marie aux piés de
la ftatue où j'étois renfermée;
j'élevai la voix, je lui criai, les

Dieux

Dieux refufent les vœux d'un Roi devenu Tyran, qui a voulu faire mourir une femme raifonnable pour époufer une extravagante. Moabdar fut confondu de ces paroles au point que fa tête fe troubla. L'Oracle que j'avois rendu à la Tyrannie de Marie fuffifoit pour lui faire perdre le jugement; il devint fou en peu de jours. Sa folie qui parut un châtiment du Ciel fut le fignal de la révolte.

On fe fouleva, on courut aux armes. Babylone fi longtems plongée dans une moleffe oifive devint le theâtre d'une guerre civile, affreufe. On me tira du creux de ma Statue & on me mit à la tête d'un parti. Cador courut à Mem-

phis

phis pour vous ramener à Babylone. Le Prince d'Hircanie aprenant ces funeftes nouvelles revint
avec fon armée faire un troifieme
parti dans la Caldée; il attaqua le
Roi qui courut au-devant de lui a-
vec fon extravagante Egyptienne.
Moabdar mourut percé de coups.
Marie la Capricieufe tomba aux
mains du Vainqueur, mon malheur voulut que je fuffe prife moi
même par un parti Hircanien, &
qu'on me menât devant le Prince
précifément dans le tems qu'on lui
amenoit Marie. Vous ferez flatté
fans doute en aprenant que le Prince me trouva plus belle que l'E-
gyptienne, mais vous ferez fâché
d'aprendre qu'il me deftina à fon
Ser-

Serrail : il me dit fort réfolûment
que dès qu'il auroit fini une ex-
pédition militaire qu'il alloit exécuter, il viendroit à moi. Jugez de
ma douleur, mes liens avec Moabdar
étoient rompus, je pouvois être à
Memnon & je tombois dans les
Chaînes d'un Barbare , je lui ré-
pondis avec toute la fierté que
me donnoient mon Rang &
mes fentimens. J'avois toujours
entendu dire que le Ciel attachoit
aux perfonnes de ma forte un caractere de Grandeur , qui d'un
mot & d'un coup d'œil faifoit ren-
trer dans l'abaiffement du plus
profond refpect, les téméraires
qui ofoient s'en écarter. Je par-
lois en Reine, mais je fus traitée

en

en Demoiselle suivante. L'Hircanien sans daigner seulement m'adresser la parole, dit à son Eunuque Noir que j'étois une impertinente, mais qu'il me trouvoit jolie : il lui ordonnna d'avoir soin de moi, & de me mettre au Régime des Favorites afin de me rafraichir le teint, & de me rendre plus digne de ses faveurs pour le jour où il auroit la commodité de m'en honorer. Je lui dis que je me tuerois, il repliqua en riant qu'on ne se tuoit point qu'il étoit fait à ces façons là, & me quitta comme un homme qui vient de mettre un perroquet dans sa Ménagerie. Quel état pour la premiere Reine de l'Univers ? &, je dirai

plus,

plus, pour un cœur qui étoit à Memnon? A ces paroles que la Reine prononçoit avec tendreſſe. Memnon ſe jetta à ſes genoux & les baigna de larmes. Aſtarté le releva tendrement, & elle continua ainſi : Je me voyois au pouvoir d'un barbare, & rivale d'une folle avec qui j'étois renfermée : elle me raconta ſon avanture d'Egypte : je jugeai par les traits dont elle vous peignoit, par le tems, par le Dromadaire ſur lequel vous étiez monté, par toutes les Circonſtances que c'étoit Memnon qui avoit combattu pour elle : je ne doutai pas que vous ne fuſſiez à Memphis, je pris la réſolution de m'y retirer. Belle Marie, lui dis-je, vous êtes

beau-

beaucoup plus plaisante que moi;
vous divertirez bien mieux que
moi le Prince d'Hircanie, facilitez
moi les moyens de me sauver,
vous regnerez seule, vous vous
rendrez heureuse, en vous déba-
rassant d'une Rivale. Marie la Capricieuse concerta avec moi les
moyens de ma fuite. Je partis
donc secrettement avec une Esclave Egyptienne : j'étois déjà près
de l'Arabie lorsqu'un fameux Voleur nommé Arbogad m'enleva, &
me vendit à des Marchands qui
m'ont amenée dans ce Château où
demeure le Seigneur Ogul ; il m'a
achetée sans savoir qui j'étois.
C'est un homme voluptueux, qui
ne songe qu'à faire grande chere,

&

& qui croit que Dieu l'a mis au monde pour tenir table; il eſt d'un embonpoint exceſſif qui eſt toujours prêt à le ſuffoquer; ſon Médecin qui n'a que peu de crédit auprès de lui quand il digere bien, le gouverne deſpotiquement quand il a trop mangé; il lui a perſuadé qu'il le guériroit avec un Bazilic cuit dans de l'Eau Roſe. Le Seigneur Ogul a promis l'honneur de ſa main à celle de ſes Eſclaves qui lui aporteroit un Bazilic. Vous voyez que je les laiſſe s'empreſſer à mériter cet honneur, & je n'ai jamais eu moins d'envie de chercher ce Bazilic que depuis que le Ciel a permis que je vous reviſſe.

Alors Aſtarté, & Memnon ſe di-

dirent tout ce que des sentimens
longtems retenus & tout ce que
leurs malheurs & leurs amours
pouvoient inspirer aux cœurs les
plus nobles & les plus passionnés,
& les Génies qui président à l'a-
mour, porterent leurs paroles jusqu'à la Sphere de Venus.

Les femmes rentrerent chez O-
gul sans avoir rien trouvé. Memnon se fit présenter à lui, & lui
parla en ces termes; Que la Santé immortelle descende du Ciel
pour avoir soin de tous vos jours;
je suis Médecin; j'ai accouru vers
vous sur le bruit de votre maladie,
& je vous ai aporté un Bazilic
cuit dans de l'Eau Rose. Ce n'est
pas que je prétende vous épouser,

je

je ne vous demande que la liberté
d'une jeune Esclave de Babylone
que vous avez depuis quelques
jours, & je consens de rester en
esclavage à sa place si je n'ai pas
le bonheur de guérir le magnifique Seigneur Ogul.

La proposition fut acceptée. Astarté partit pour Babylone avec le
domestique de Memnon en lui promettant de lui envoyer incessam-
ment un courier pour l'instruire de
tout ce qui se seroit passé. Leurs a-
dieux furent aussi tendres que l'avoit
été leur reconnoissance. Le moment
où l'on se retrouve & celui où l'on se
sépare sont les deux plus grandes E-
poques de la vie, comme dit le grand
livre du Zend. Memnon aimoit la

Rei-

Reine autant qu'il le juroit; & la Reine aimoit Memnon plus qu'elle ne le lui difoit. Cependant Memnon parla ainfi à Ogul; Seigneur on ne mange point mon Bazilic; toute fa vertu doit entrer chez vous par les pores; je l'ai mis dans un petit Outre bien enflé & couvert d'une peau fine; il faut que vous pouffiez cet Outre de toute votre force & que je vous le renvoie à plufieurs reprifes, & en peu de jours de régime vous verrez ce que peut mon art. Ogul, le premier jour, fut tout effouflé, & crut qu'il mourroit de fatigue; le fecond il fut moins fatigué, & dormit mieux. En huit jours il recouvra toute la force, la fanté,

la

la légereté & la gayeté de ses plus brillantes années. Vous avez joué au Balon & vous avez été sobre lui dit Memnon; aprenez qu'il n'y a pas plus de Bazilics que de Grifons dans la Nature; qu'on se porte toujours bien avec de la sobriété & de l'exercice, & que l'art de faire subsister ensemble l'intempérance & la santé est un art aussi Chimérique que la Pierre Philosophale, l'Astrologie judiciaire & tant d'autres.

Le premier Médecin d'Ogul sentant combien cet homme étoit dangereux pour la Médecine fit une cabale avec les Esclaves pour le faire périr; mais pendant qu'on préparoit la perte de Memnon, il reçut un courier de la Reine Astarté.

CHA-

CHAPITRE. XIII.

LA Reine avoit été reçue à Babylone avec les transports
qu'on a toujours pour une belle
femme , qui a été malheureuse.
Babylone alors commençoit à être
plus tranquile ; le Prince d'Hircanie avoit été tué dans un combat.
Les Babyloniens vainqueurs décla-
rerent qu'Astarté épouseroit celui
qu'on choisiroit pour Souverain.
On ne voulut point que la premiere place du monde qui seroit
celle de mari d'Astarté & de Roi
de Babylone dépendît des intri-
gues & des cabales ; On jura de
reconnoître pour Roi le plus vaillant

lant & le plus fage. Une grande Lice bordée d'Amphitéâtres magniquement ornés fut formée à quelques lieues de la Ville; les Combattans devoient s'y rendre armés de toutes piéces; chacun d'eux avoit derriere les Amphitéâtres un apartement féparé où il ne devoit être vu ni connu de perfonne.

Il falloit courir quatre Lances, & ceux qui feroient affez heureux pour vaincre quatre Chevaliers, devoient combattre enfuite les uns contre les autres de façon que celui qui refteroit le dernier, maître du champ, feroit proclamé vainqueur des jeux; il devoit revenir quatre jours après avec les mêmes armes & expliquer les Enigmes;

I 3   s'il

s'il ne devinoit pas ces Enigmes il
n'étoit point Roi & il falloit re-
commencer à courir des Lances
jufqu'à ce qu'on trouvât un homme qui fût vainqueur dans ces
deux combats; car on vouloit ab-
folument pour Roi le plus vaillant
& le plus fage. La Reine pendant tout ce tems devoit être é-
troitement gardée, on lui permet-
toit feulement d'affifter aux jeux,
couverte d'un voile: mais on ne
fouffroit pas qu'elle parlât à aucun
des prétendans afin qu'il n'y eût
ni faveur ni injuftice.

Voilà ce qu'Aftarté faifoit favoir à Memnon efpérant qu'il
montreroit pour elle plus de valeur
& d'efprit que perfonne: il partit

&

& pria Venus de fortifier fon courage & d'éclaircir fon efprit : il
arriva fur le rivage de l'Euphrate
la veille de ce grand jour. Il fit
inferire fa Devife parmi celles des
Combattans, en cachant fon vifage & fon nom, comme la Loi
l'ordonnoit & alla fe repofer dans
l'apartement qui lui échut par le
fort.

Son ami Cador qui étoit revenu
à Babylone après l'avoir inutilement cherché en Egypte fit mettre dans fa Loge une armure com-
plette que la Reine lui envoyoit:
il lui fit amener aufli de fa part le
plus beau Cheval de Perfe. Memnon reconnut Aftarté à ces Préfents: Son courage & fon amour,

en

en prirent de nouvelles forces &
de nouvelles efpérances.

Le lendemain la Reine étant venue fe placer fous un dais de pierreries, & les Amphitéâtres étant
remplis de toutes les Dames & de
tous les Ordres de Babyfone, les
Combattans parurent dans le Cirque. Chacun d'eux vint mettre
fa devife aux piés du grand Mage.
On tira au fort les devifes de ceux
qui commenceroient ce combat;
celle de Memnon fut la derniere.
Le premier qui s'avança étoit un
Seigneur très riche, nommé Itobal, fort vain, peu courageux, très
mal-adroit, & fans efprit. Ses
domeftiques l'avoient perfuadé
qu'un homme comme lui devoit
être

être Roi, il leur avoit répondu, un homme comme moi doit reguer : ainſi on l'avoit armé de pié en Cap : il portoit une Armure d'or émaillée de verd, un Panache verd, une lance ornée de rubans verds. On s'aperçut d'abord à la maniere dont Itobal gouvernoit ſon cheval, que ce n'étoit pas un homme comme lui, à qui le Ciel réſervoit le Sceptre de Babylone. Le premier Cavalier qui courut contre lui le deſarçonna. Le ſecond le renverſa ſur la croupe de ſon cheval, les deux jambes en l'air, & les deux bras étendus. Itobal ſe remit, mais de ſi mauvaiſe grace que tout l'Amphitéâtre ſe mit à rire. Un troiſie-

I 5   me

me ne daigna pas ſe ſervir de ſa
lance; mais en lui faiſant une paſ-
ſe, il le prit par la jambe droite,
& lui faiſant faire un demi tour,
il le fit tomber ſur le ſable. Les
Ecuyers des jeux accoururent à lui
en riant, & le remirent en ſelle.
Le quatrieme Combattant le prend
par la jambe droite & le fait tomber de l'autre côté. On le recon-
duiſit avec des huées à ſa Loge,
où il devoit paſſer la nuit ſelon la
Loi, & il diſoit en marchant à
peine, *quelle avanture pour un hom-*
me comme moi !

Les autres Chevaliers s'acqui-
terent mieux de leur devoir: il y
en eut qui vainquirent deux Combattans de ſuite: quelques-uns alle-
rent

rent jufqu'à trois. Il n'y eut que le Prince Otame qui en vainquit quatre. Enfin Memnon combattit à fon tour; il defarçonna quatre Cavaliers de fuite avec toute la grace poffible. Il fallut donc voir qui feroit vainqueur d'Otame ou de Memnon. Le premier portoit des armes bleu & or, avec un Panache de même; celles de Memnon étoient blanches. Tous les voeux fe partageoient entre le Cavalier bleu & le Cavalier blanc. La Reine à qui le coeur palpitoit faifoit des prieres au Ciel pour la couleur blanche.

Les deux Champions firent des paffes & des caracoles avec tant d'agilité; ils fe donnerent de fi

beaux

beaux coups de lances ; ils étoient fi
fermes fur leurs arçons que tout le
monde, hors la Reine, fouhaitoit
qu'il y eût deux Rois dans Babylone : enfin leurs chevaux étant laffés
& leurs lances rompues, Memnon
ufa de cette adreffe ; il paffe derriere le Prince bleu, s'élance fur
la croupe de fon cheval, le prend
par le milieu du corps, le jette à
terre, fe met en felle à fa place
& caracole autour d'Otame étendu fur le fable ; tout l'Amphitéâtre
crie victoire au Cavalier Blanc. O-
tame indigné fe releve, tire fon
épée, Memnon faute de cheval
le fabre à la main, les voilà tous
les deux fur l'arene livrant un
nouveau combat, où la force &
l'a-

l'agilité triomphent tour à tour, les plumes de leurs casques, les cloux de leurs braffards, les mailles de leur armure fautent en l'air fous mille coups précipités : ils frappent de pointe & de taille ; à droite à gauche, fur la poitrine, fur la tête, ils reculent, ils avancent, ils fe mefurent, ils fe rejoignent, ils fe faififfent, ils fe replient comme des ferpens, ils s'attaquent comme des Lions ; le feu jaillit en éclairs des coups qu'ils fe portent ; enfin Memnon ayant un moment repris fes efprits, s'arrête, fait une feinte, paffe fur Otame, le fait tomber le defarme, & Otame s'écrie ; ô Cavalier Blanc c'eft vous qui devez regner fur Babylone.

La

La Reine étoit au comble de fa joie; on reconduifit le Chevalier Bleu & le Chevalier Blanc chacun à leur Loge, ainfi que tous les autres, felon ce qui étoit porté par la Loi. Des Muets vinrent les fervir & leur aporter à manger, on peut juger fi le petit Muet de la Reine ne fut pas celui qui fervit Memnon; enfuite on les laiffa dormir feuls jufqu'au lendemain matin, que le Vainqueur devoit aporter fa devife au grand Mage & fe faire reconnoître.

Memnon dormit quoiqu'amoureux, tant il étoit fatigué. Itobal qui étoit couché auprès de lui ne dormit point; il fe leva pendant la nuit prit les armes blanches de Mem-

Memnon avec fa devife & mit fon armure verte à la place. Le point du jour venu il alla fièrement au grand Mage déclarer qu'un homme comme lui étoit vainqueur : on ne s'y attendoit pas ; mais il fut proclamé pendant que Memnon dormoit encore. Aftarté furprife & le defefpoir dans le cœur s'en retourna à Babylone. Tout l'Amphitéâtre étoit déjà vuide lorsque Memnon s'évéilla ; il chercha fes armes & ne trouva que cette armure verte, il étoit obligé de s'en couvrir, n'ayant rien, autre chofe auprès de lui. Etonné & indigné il les endoffe avec fureur : il avance dans cet équipage.

Tout ce qui étoit encore fur

L'Aml'Amphitéâtre & dans le Cirque le reçut avec des huées, on l'entouroit, on lui infultoit en face. Jamais homme n'effuya des mortifications fi humiliantes ; la patience lui échapa , il écarta à coups de fabre la populace , qui ofoit l'outrager, mais il ne favoit quel parti prendre, il ne pouvoit voir la Reine ; il ne pouvoit réclamer l'armure blanche qu'elle lui avoit envoyée, c'eût été la compromettre ; ainfi tandis qu'elle étoit plongée dans la douleur il étoit pénétré de fureur & d'inquiétude ; il fe promenoit fur les bords de l'Euphrate, perfuadé que fon Etoile le deftinoit à être malheureux fans reffource, repaffant dans fon efprit

tou-

toutes ſes diſgraces depuis l'avanture de la femme qui haïſſoit les
Borgnes juſqu'à celle de ſon armure. Voilà ce que c'eſt, diſoit-il, de
m'être éveillé trop tard, ſi j'avois
moins dormi je ſerois Roi de Babylone ; je poſſéderois Aſtarté. Les
Sciences, les Moeurs, le Courage n'ont donc jamais ſervi qu'à
mon infortune,

Il lui échapa enfin de murmurer
contre la Providence, & il fut
tenté de croire que tout étoit gou-
verné par une deſtinée cruelle qui
oprimoit les Bons & qui faiſoit
proſpérer les Chevaliers Verds.
Un de ſes chagrins étoit de porter
cette armure verte qui lui avoit
attiré tant de huées. Un mar-

chand

chand paffa, il la lui vendit à vil
prix & prit du marchand une Robe & un Bonnet long. Dans cet
équipage il cotoyoit l'Euphrate,
rempli de defefpoir & accufant en
fecret la Providence qui le perfé-
cutoit fans relache.

CHAPITRE XIV.

IL rencontra en marchant un
Hermite dont la Barbe blanche
& vénérable lui defcendoit jufqu'à
la ceinture. Il tenoit en main un
Livre qu'il lifoit attentivement.
Memnon s'arrêta & lui fit une
profonde inclination. L'Hermite
le falua d'un air fi noble & fi doux
que Memnon eût la curiofité de
l'en-

l'entretenir. Il lui demanda quel livre il lifoit. C'eft le Livre des deftinées, dit l'Hermite , voulez vous en lire quelque chofe ? il mit le livre dans les mains de Memnon qui tout inftruit qu'il étoit dans plufieurs langues ne put déchifrer un feul caractere du livre. Cela redoubla encore fa curiofité. Vous me paroiffez bien chagrin, lui dit ce bon Pere. Hélas que j'en ai fujet ! dit Memnon. Si vous permettez que je vous accompagne, repartit le vieillard, peutêtre vous ferai-je utile : j'ai quelquefois répandu des fentimens de confolation dans l'ame des malheureux.

Memnon fe fentit du refpect pour l'air pour la barbe & pour le

li-

livre de l'Hermite ; il lui trouva dans la converfation des lumieres fupérieures : L'Hermite parloit de la Deftinée, de la Juftice, de la Morale, du Souverain Bien, de la Foibleffe humaine, des Vertus & des Vices avec une Eloquence fi vive & fi touchante que Memnon fe fentit entraîné vers lui par un charme invincible ; il le pria avec inftance de ne le point quitter jufqu'à ce qu'ils fuffent arrivés à Babylone. Je vous demande moi-même cette grace, lui dit le Vieillard ; Jurez par Orofmade, que vous ne vous féparerez point de moi quelque chofe que je faffe. Memnon jura & ils marcherent enfemble.

Les

Les deux Voyageurs arriverent le soir à un Château superbe. L'Hermite demanda l'hospitalité pour lui & pour le jeune homme qui l'accompagnoit ; le Portier qu'on auroit pris pour un grand Seigneur les introduisit avec une espéce de bonté dédaigneuse ; on les présenta à un principal Domestique qui leur fit voir les apartemens magnifiques du Maître ; ils furent admis à sa table au bas bout sans que le Seigneur du Château les honorât d'un regard ; mais ils furent servis comme les autres avec délicatesse & profusion ; on leur donna ensuite à laver dans un Bassin d'or garni d'Emeraudes & de Rubis ; on les mena coucher dans

K 3

un

un bel apartement & le lendemain matin un domeſtique leur aporta à chacun une piéce d'or après quoi on les congédia. Le Maître de la maiſon, dit Memnon en chemin, me paroît un homme généreux; quoiqu'un peu fier, il exerce noblement l'hoſpitalité. En diſant ces paroles, il aperçut qu'une eſpéce de poche très large que portoit l'Hermite, paroiſſoit tendue & enflée; il y vit enfin le Baſſin d'or garni de pierreries que celuici avoit volé. Il n'oſa d'abord en rien témoigner, mais il étoit dans une étrange ſurpriſe. Vers le midi l'Hermite ſe préſenta à la porte d'une maiſon très petite où logeoit un riche Avare; il y demanda

da l'hofpitalité pour quelques heures. Un vieux Valet mal habillé le
reçut d'un ton rude & fit entrer
l'Hermite & Memnon dans l'Ecu-
rie où on leur donna quelques Oli-
ves pouries de mauvais Pàin & de
la Bierre gâtée.

L'Hermite but & mengea d'un
air auffi content que la veille, puis
s'adreffant à ce vieux Valet qui les
obfervoit tous deux pour voir s'ils
ne voloient rien & qui les preffoit
de partir, il lui donna les deux
piéces d'or qu'il avoit reçues le
matin ; & le remerciant de toutes
fes attentions, je vous prie ajouta-
t-il, faites moi parler à votre Maître ; le Valet étonné introduifit les
deux Voyageurs. Magnifique Sei-

gneur

gneur, dit l'Hermite , je ne puis que vous rendre de très humbles graces de la maniere noble dont vous nous avez reçus ; daignez accepter ce Baſſin d'or comme un foible gage de ma reconnoiſſance. L'Avare fut prêt de tomber à la renverſe. L'Hermite ne lui donna pas le tems de revenir de ſon ſaiſiſ- ſement ; il partit au plus vîte avec ſon jeune Voyageur. Mon Pere, lui dit Memnon, qu'eſt-ce que tout ce que je vois ? vous ne me pa- roiſſez reſſembler en rien aux au- tres hommes ; vous volez un Bas- ſin d'or garni de pierreries à un Seigneur qui vous reçoit magnifi- quement, & vous le donnez à un Avare qui vous traite avec indi-

gnité ?

gnité ? mon fils , répondit le Vieillard, cet homme magnifique qui
ne reçoit les étrangers que par vanité & pour faire admirer ſes ri-
cheſſes deviendra plus ſage; l'A-
vare aprendra à exercer l'hoſpitalité, ne vous étonnez de rien , &
ſuivez moi. Memnon ne ſavoit encore s'il avoit à faire au plus fou
ou au plus ſage des hommes, mais
l'Hermite parloit avec tant d'aſ-
cendant que Memnon lié d'ailleurs
par ſon ſerment ne put s'empêcher
de le ſuivre.

Ils arriverent le ſoir à une maiſon agréablement bâtie, mais ſim-
ple où rien ne ſentoit ni la prodi-
galité ni l'avarice. Le Maître étoit
un Philoſophe retiré du monde qui

K 5   cul-

cultivoit en paix la Sageſſe & la Vertu; il s'étoit plu à bâtir cette retraite, dans laquelle il recevoit les étrangers avec une nobleſſe qui n'avoit rien de l'oſtentation ; il alla lui même au devant des deux Voyageurs qu'il fit repoſer d'abord dans un apartement commode: quelque tems après il les vint prendre lui même pour les inviter à un repas propre & bien entendu, pendant lequel il parla avec diſcrétion des dernieres révolutions de Babylone; il parut ſincerement attaché à la Reine & ſouhaita que Memnon eût combattu dans la Lice pour diſputer la Couronne ; mais les hommes, ajouta-t-il, ne méritent pas d'avoir un Roi comme

Mem-

Memnon. Celui-ci rougiſſoit &
ſentoit redoubler ſes douleurs. On
couvint, dans la converſation qui
les choſes de ce monde n'alloient
pas toujours au gré des plus ſages,
mais l'Hermite ſoutint qu'on ne
connoiſſoit pas les voies de la Providence & que les hommes avoient
tort de juger d'un tout dont ils n'a-
percevoient que la plus petite partie.

Enfin après un entretien auſſi
inſtructif qu'agréable, l'Hôte re-
conduiſit ſes deux Voyageurs dans
leur apartement, en béniſſant le
le Ciel qui lui avoit envoyé deux
hommes ſi ſages, & ſi vertueux;
il leur offrit de l'argent d'une maniere aiſée & noble qui ne pouvoit
dé-

déplaire. L'Hermite le refufa, &
lui dit qu'il prenoit congé de lui
comptant partir pour Babylone a-
vant le jour. Leur féparation fut
tendre. Memnon furtout fe fentit
plein d'eftime & d'inclination pour
un homme fi aimable. Quand
l'Hermite & lui furent dans leur
apartement; ils firent longtems l'é-
loge de leur Hôte. Le Vieillard au
point du jour éveilla fon camarade:
il faut partir, dit-il, mais tandis
que toute le monde dort encore, je
veux laiffer à cet homme un témoignage de mon eftimé pour lui.

En difant ces mots il prit un
flambeau & mit le feu à la Maifon. Memnon épouvanté jetta des
cris, voulut l'empêcher de com-

mettre

mettre une action si affreuse. L'Hermite le prend par le bras & l'entraîne malgré lui; vous avez fait serment de me suivre, il faut que vous me suiviez; vous n'avez pas d'autre parti à prendre. Les Reproches la Colere ne servirent de rien à Memnon; L'Hermite l'entraînoit par une force supérieure. La Maison étoit enflammée, l'Hermite qui étoit déjà assez loin avec son compagnon la regardoit brûler tranquilement. Voilà un homme bien heureux, disoit-il, il va trouver sous les ruïnes de sa maison un trésor immense qui le mettra pour toute sa vie en état d'exercer ses vertus,

Memnon confondu suivit cet étrange

trange Hermite à la derniere couchée; ce fut chez une Veuve cha-
ritable & vertueuſe qui avoit un
Fils unique de quatorze ans, plein
d'agrémens & ſa ſeule eſpérance.
Elle fit du mieux qu'elle put les
honneurs de ſa maiſon, le lendemain elle ordonna à ſon Fils d'ac-
compagner les Voyageurs, juſqu'à
un pont qui étant rompu depuis
peu étoit devenu un paſſage dangereux. Le jeune homme empres-
ſé marcha au devant d'eux. Quand
ils furent ſur le pont, venez, dit
l'Hermite au jeune homme, il faut
que je marque ma reconnoiſſance
à votre mere, il le prend alors par
les cheveux & le jette dans la ri-
viere; l'Enfant tombe, reparoît
un

un moment fur l'eau, & eft engou-
fré dans le torrent; ô Monftre! ô
le plus fcélérat de tous les hommes!
s'écria Memnon; vous m'aviez
promis plus de patience, lui dit
l'Hermite en l'interrompant, a-
prenez que ce jeune homme auroit affaffiné fa mere dans un an;
qui te l'a dit, Barbare, crioit Memnon? & quand tu aurois lu cet é-
vénement dans ton Livre des des-
tinées t'eft-il-permis de noyer un
enfant qui ne t'a point fait de mal?

Tandis que Memnon parloit, il
aperçut que le vieillard n'avoit
plus de barbe & que fon vifage
prenoit les traits de la jeuneffe :
fon habit d'Hermite difparut; quatre belles ailes couvroient un corps
Ma-

Majeftueux & refplendiffant de lumiere. O Envoyé du Ciel! ô Ange divin! s'écria Memnon en fe
profternant, tu eft defcendu de
l'Empirée pour aprendre à un foible mortel à fe foumettre aux Ordres éternels; les hommes dit l'Ange Jefrad, jugent de tout fans rien
connoître, tu étois celui de tous
les hommes qui méritois le plus
d'être éclairé: Memnon lui demanda la permiffion de parler: je me
défie de moi même, dit-il, mais
oferai-je te prier de m'éclairer fur
un doute? ne vaudroit-il pas mieux
avoir corrigé cet enfant & l'avoir
rendu vertueux, que de l'avoir
noyé? Jefrad reprit, s'il avoit
été vertueux & s'il eut vécu, fon

des-

deſtin étoit d'être aſſaſſiné lui même avec la femme qu'il devoit é-
pouſer , & le fils qui en devoit
naître ; mais quoi , dit Memnon ,
il eſt donc néceſſaire qu'il y ait des
crimes & des malheurs : & les
malheurs tombent ſur les gens de
bien ! les Méchans , répondit Jeſrad ,
ſont toujours malheureux , ils ſervent
à éprouver un petit nombre de Juſ-
tes répandus ſur la terre : & il n'y a
point de mal dont il ne naiſſe un bien.

Mais , dit Memnon , s'il n'y avoit
que du bien & point de mal ? alors,
reprit Jeſrad , cette terre ſeroit une
autre terre , l'enchaînement des évé-
nemens ſeroit un autre ordre de Sageſſe , & cet autre ordre qui ſeroit
parfait , ne peut.être que dans la de-

L   meure

meure éternelle de l'Etre Suprême
de qui le Mal ne peut aprocher ; il
a créé des millions de mondes,
dont aucun ne peut reſſembler à
l'autre : Cette immenſe variété eſt
un attribut de ſa puiſſance immenſe ; il n'y a ni deux feuilles d'arbres ſur la Terre ni deux globes
dans les Champs infinis du Ciel
qui ſôient ſemblables, & tout ce
que tu vois ſur le petit Atome où
tu es né, devoit être dans ſa place & dans ſon tems ſelon les ordres immuables de celui qui em-
braſſe tout, qui voit & qui fait
tout. Les Hommes penſent que
cet enfant qui vient de périr eſt
tombé dars l'eau par hazard, que
c'eſt par un même hazard que cet-

te maiſon eſt brûlée; mais il n'y
a point de hazard, tout eſt ou
preuve, ou punition, ou récom-
penſe, ou prévoyance ; Foible Mortel ! ceſſes de diſputer contre ce qu'il
faut adorer. Mais, dit Memnon.
Comme il diſoit *mais* l'Ange prenoit déjà ſon vol vers la dixième
Sphere ; Memnon à genoux adora
la Providence & ſe ſoumit : l'Ange lui cria du haut des airs prends
ton chemin vers Babylone.

CHAPITRE XV.

MEmnon hors de lui même, &
comme un homme, auprès
duquel eſt tombé le tonnerre,
marchoit au hazard. Il entra dans

Ba-

Babylone le jour où ceux qui
avoient combattu dans la Lice,
étoient déjà assemblés dans le
grand Vestibule du Palais pour
expliquer les Enigmes, & pour
répondre aux questions du grand
Mage. Tous les Chevaliers étoient
arrivés excepté l'Armure Verte.

Dèsque Memnon parut dans la
Ville le peuple s'assembla autour
de lui, les yeux ne se rassasioient
point de le voir, les bouches de
le bénir, les coeurs de lui souhai-
ter l'Empire. L'Envieux le vit
passer frémit & se détourna, le
peuple le porta jusqu'au lieu de
l'assemblée. La Reine à qui on a-
prit son arrivée fut en proie à l'a-
gitation de la crainte & de l'espé-
rance,

rance, l'inquiétude la dévoroit, elle ne pouvoit comprendre ni pourquoi Memnon étoit fans armes, ni comment Itobal portoit l'Armure Blanche. Un murmure confus s'éleva à la vue de Memnon, on étoit furpris, & charmé de le revoir, mais il n'étoit permis qu'aux Chevaliers qui avoient combattu de paroître dans l'affemblée; j'ai combattu comme un autre, dit-il, mais un autre porte ici mes Armes, & en attendant que j'ai l'honneur de le prouver je demande la permiffion de me préfenter pour expliquer les Enigmes; on alla aux voix, fa réputation de probité étoit encore fi fortement imprimée dans les efprits qu'on

ne

ne balança pas à l'admettre.

Le Grand Mage propofa d'a-
bord cette queftion; Quelle eft de
toutes les chofes du monde, la
plus longue & la plus courte, la
plus prompte, la plus lente, la plus
divifible & la plus étendue, la plus
négligée & la plus regrettée, fans
qui rien ne fe peut faire, qui abfor-
be tout ce qui eft petit, & qui
vivifie tout ce qui eft grand?

C'étoit à Itobal à parler, il répondit qu'un homme comme lui
n'entendoit rien aux Enigmes &
qu'il lui fufifoit d'avoir vaincu à
grands coups de lance : les uns
dirent que le mot de l'Enigme é-
toit la fortune, d'autres la terre,
d'autres la lumière; Memnon dit
que

que c'étoit le tems ; rien n'eſt plus
long, ajouta-t-il, puiſqu'il eſt la
meſure de l'éternité, rien n'eſt
plus court puisqu'il manque à tous
nos projets, rien n'eſt plus lent
pour qui attend, rien de plus ra-
pide pour qui jouït, il s'étend jusqu'à l'infini en grand, il ſe diviſe
juſque dans l'infini en petit ; tous
les Hommes le négligent, tous en
regrettent la perte, rien ne ſe fait
ſans lui, il fait oublier tout ce qui
eſt indigne de la poſtérité ; & il
immortaliſe les grandes choſes.

L'aſſemblée convint que Memnon avoit raiſon, il devina toutes
les autres Enigmes avec la même
facilité. Itobal diſoit toujours que
rien n'étoit plus aiſé & qu'il en ſe-

roit

roit venu à bout tout auffi facile-
ment, s'il avoit voulu s'en donner
la peine. On propofa des queftions
fur la Juftice, fur le Souverain Bien,
fur l'Art de regner. Les réponfes
de Memnon furent jugées les plus
folides. C'eft bien domage, difoit-
on, qu'un fi bon efprit foit un fi
mauvais Cavalier.

Illuftres Seigneurs, dit Memnon,
j'ai eu l'honneur de vaincre dans la
Lice, c'eft à moi qu'apartient l'Armure Blanche. Itobal jugea aparem-
ment qu'elle lui fiéroit mieux que
la Verte, je fuis prêt de lui prouver d'abord devant vous avec ma
Robe & mon Epée contre toute
cette belle Armure Blanche qu'il
m'a prife pendant mon fommeil,
que

que c'eft moi qui ai eu l'honneur de vaincre le brave Otame.

Itobal accepta le défi avec la plus grande confiance, il ne doudoit pas qu'étant cafqué, cuiraffé, braffardé, il ne vînt aifément à bout d'un Champion en Robe. Memnon tira fon Epée en faluant la Reine qui le regardoit pénétrée de joie & de crainte. Itobal tira la fienne en ne faluant perfonne; il s'avança fur Memnon comme un homme qui n'avoit rien à craindre; il étoit prêt de lui fendre la tête, Memnon fut parer le coup en opofant ce qu'on apelle le fort de l'épée au foible de celle de fon adverfaire, de façon que l'épée d'Itobal fe rompit. Dans le moment

Mem-

Memnon faififfant fon ennemi au
corps le renverfa par terre & lui
portant la pointe de fon épée au
défaut de la cuiraffe laiffez vous
defarmer, dit-il, ou je vous tue.

Itobal toujours furpris des dis-
graces qui arrivoient à un homme
comme lui, laiffa faire Memnon
qui lui ôta paifiblement fon cafque,
fa cuiraffe, fes beaux braffards, fes
cuiffards, s'en revétit, & courut
dans cet équipage fe jetter aux genoux, d'ASTARTE'. Cador prouva aifément que l'Armure aparte-
noit à Memnon il fut reconnu Roi
d'un confentement unanime & fur
tout de celui d'Aftarté, qui goûtoit
après tant d'adverfités, la douceur
de voir fon Amant, reconnu digne
d'être

d'être fon Epoux. Itobal alla fe faire apeller Monfeigneur dans fa maifon. Memnon fut Roi & fut heureux, il avoit préfent à l'efprit ce que lui avoit dit l'Ange Jefrad, il fe fouvenoit méme du grain de fable devenu Diamant. La Reine & lui adorerent la Providence ; Memnon laiffa Marie la capricieufe courir le monde ; il envoya chercher le Brigand Arbogad, auquel il donna un grade honorable dans fon armée avec promeffe de l'avancer aux premieres dignités, s'il fe comportoit en vrai Guerrier, & de le faire pendre s'il faifoit le métier de Brigand. Sétoc fut apellé du fond de l'Arabie pour être à la téte du Commerce de Babylone.

Cador

Cador fut placé felon fon Mérite & chéri felon fes Services. Ni la belle Sémire ne fe confoloit d'avoir cru que Memnon feroit Borgne; ni Azora ne ceffoit de pleurer d'avoir voulu lui couper le Nez; il adoucit leurs douleurs par des Préfents. L'Envieux fe vit hors de portée d'être envieux de Memnon, mais il fut enfin puni pour d'autres méchancetés. L'Empire jouït de la paix, de la gloire, & de l'abondance, ce fut le plus beau Siécle de la terre; elle étoit gouvernée par la Juftice & par l'Amour; On béniffoit Memnon, & Memnon béniffoit le Ciel.

F I N.